Gutes Gelingen
Haya Molcho

D1997520

HAYA MOLCHO | NENIs

FEUERKÜCHE

Neue Rezepte für die kleine und große Flamme

DIE FLAMMEN-WERFERIN

VON MICHAELA ERNST

Das Treffen fand um 9.30 Uhr in ihrem Privathaus bei Wien statt, es war eine der ersten Besprechungen zum „Feuerküche"-Buch. Haya Molcho aß einen Gurken-Tomaten-Salat mit frischen Kräutern, orientalischen Frischkäse, trank Kaffee und redete wie wild auf einen jungen Mann ein. Er hörte interessiert zu, ergänzte lebhaft ihre Ausführungen. Sie sprachen Ivrit miteinander, und es klang, als ob es um die Entdeckung einer Weltfriedensmaschine oder einer anderen elementar glücklich machenden Sache ging. Beide nickten immer wieder heftig mit den Köpfen, Begeisterung lag in der Luft.

Kurz danach stellte sich heraus: Haya hatte den Mann, der im Alter ihrer Söhne ist, erst zwei Tage, bevor er bei ihr daheim auf der Veranda sitzen sollte, kennengelernt. Er war in ihrem Lokal „Neni am Naschmarkt" aufgetaucht, um eine Kleinigkeit zu essen. Als sie merkte, dass er aus ihrer Heimat Israel stammte, begann sie sich mit ihm zu unterhalten. Er erzählte von seiner Familiengeschichte, einer schwer zu heilenden, mysteriösen Krankheit und seiner damit verbundenen abenteuerlichen Reise von Israel über Südosteuropa nach Wien. Das gefiel ihr. So viel Mut, so viel Entschlossenheit, so viel Neugier auf die Welt. Da entschied sie, just in dem Moment, in dem es um die Gliederung von „Feuerküche" gehen sollte: „Er wird auch mitarbeiten."

Genau so kam es. Sraya, so heißt der junge Mann, der nach ein paar Tagen wieder abreiste, recherchierte in Tel Aviv schöne Plätze zum Fotografieren, pittoreske Pita-Bäckereien, von deren Existenz nicht einmal Haya etwas wusste, führte sie zu Obstplantagen und organisierte auf die Schnelle Kochgeschirr, das Fotograf Peter M. Mayr unter anderem effektvoll in Szene setzte.

Diese Anekdote ist bezeichnend für Haya Molcho, denn sie ist kein Einzelfall. Steht die kleine, temperamentvolle Frau mit den türkisensten Augen seit Erfindung der Karibik nicht gerade hinterm Herd oder organisiert ein Catering, sitzt sie fast immer mit Menschen zusammen – auch mit solchen, die sie zufälligerweise gerade erst kennengelernt hat –, um Neues entstehen zu lassen. Die einen wollen für sie Musik machen, andere Design, die dritten haben eine Idee für ein Rezept, einen Event oder sie haben einfach nur Spannendes zu erzählen.

Haya Molchos Element ist das Feuer. Das spiegelt sich in ihren Rezepten wider, die gewürzbetont, oft mit einer leichten Schärfe sind und einen „melting pot“ der Kulturen darstellen. Ihre Persönlichkeit ist nicht minder energetisch: Sie ist spontan, schnell, brennt dafür, in Bewegung zu bleiben.

Ihre Offenheit und ihre Freude an der Kommunikation erklären auch, wie Haya Molcho es innerhalb von nur drei Jahren schaffte, neben ihrer Basisstation „Neni am Naschmarkt“, einen „Neni“-Shop, das „Tel Aviv Beach“ am Wiener Donaukanal, das „Neni im Zweiten“ im „Stilwerk“-Bau von Stararchitekt Jean Nouvel und eine vegetarische „Neni“-Produktlinie für den Handelsriesen „Spar“ auf die Beine zu stellen.
Natürlich genoss und genießt sie dabei die Unterstützung ihrer drei Söhne Nuriel, Elior und Ilan – der vierte, Nadiv, studiert Schauspiel in den USA.
Auch ihre Kochbücher „Neni. Lust auf fremde Küche“ (2009) und der hiermit vorliegende Titel „Feuerküche“ (2012) sind in diesem Zeitraum entstanden.

Sie hat keine Berührungsängste – mit nichts und niemandem. „Das kommt von meinen Wurzeln her“, sagt sie und erzählt vom „Kum Sitz!“, einer Art unorganisiertem Zusammentreffen, das seit ihrer Kindheit Bestandteil ihres Alltags ist. „Kum Sitz!“ ist jiddisch und bedeutet so viel wie „Komm her und setz dich“.

„In Israel haben wir oft ein großes Lagerfeuer gemacht, zu dem dann alle Nachbarn und die Freunde geströmt sind. Jeder hat etwas zum Essen mitgebracht, man hat sich zusammengesetzt und geplaudert. Dabei sind die schönsten Gespräche entstanden. Ich würde mir wünschen, dass man meine Rezepte in diesem Kochbuch so sieht: einladend, verbindend, wärmend.“

Als Haya in der Projektierungsphase zu diesem Buch einmal nach passenden Worten suchte, sprang sie fest gestikulierend in den Humor über, der für alle großen Themen im Leben eine Lösung hat: „Ein Mann wirft seiner Frau vor: ‚Kannst du nicht einmal kochen wie meine Mutter?‘ Die Frau ruft also ihre Schwiegermutter an und bittet sie um ein paar Rezepte. Aber egal, was die Frau ihrem Mann auftischt – sobald dieser mit dem Essen fertig ist, bekommt die Bedauernswerte den immer gleichen Kommentar zu hören: ‚Gut hat’s geschmeckt. Aber es wäre so schön, wenn du nur einmal kochen könntest wie meine Mutter.‘ Eines Tages reißt sie so eine Wut auf, dass sie alles anbrennen lässt und ihm den Teller auf den Tisch knallt. Da strahlt er sie an und sagt: ‚Siehst du, ich wusste, du kannst es. Endlich kochst du wie meine Mutter!‘“ Im Fall, dass die Dinge einmal nicht gleich so laufen, wie man es will, bleibt immer noch der jüdische Witz. Und ja, Haya Molcho kann auch ziemlich gut blödeln.

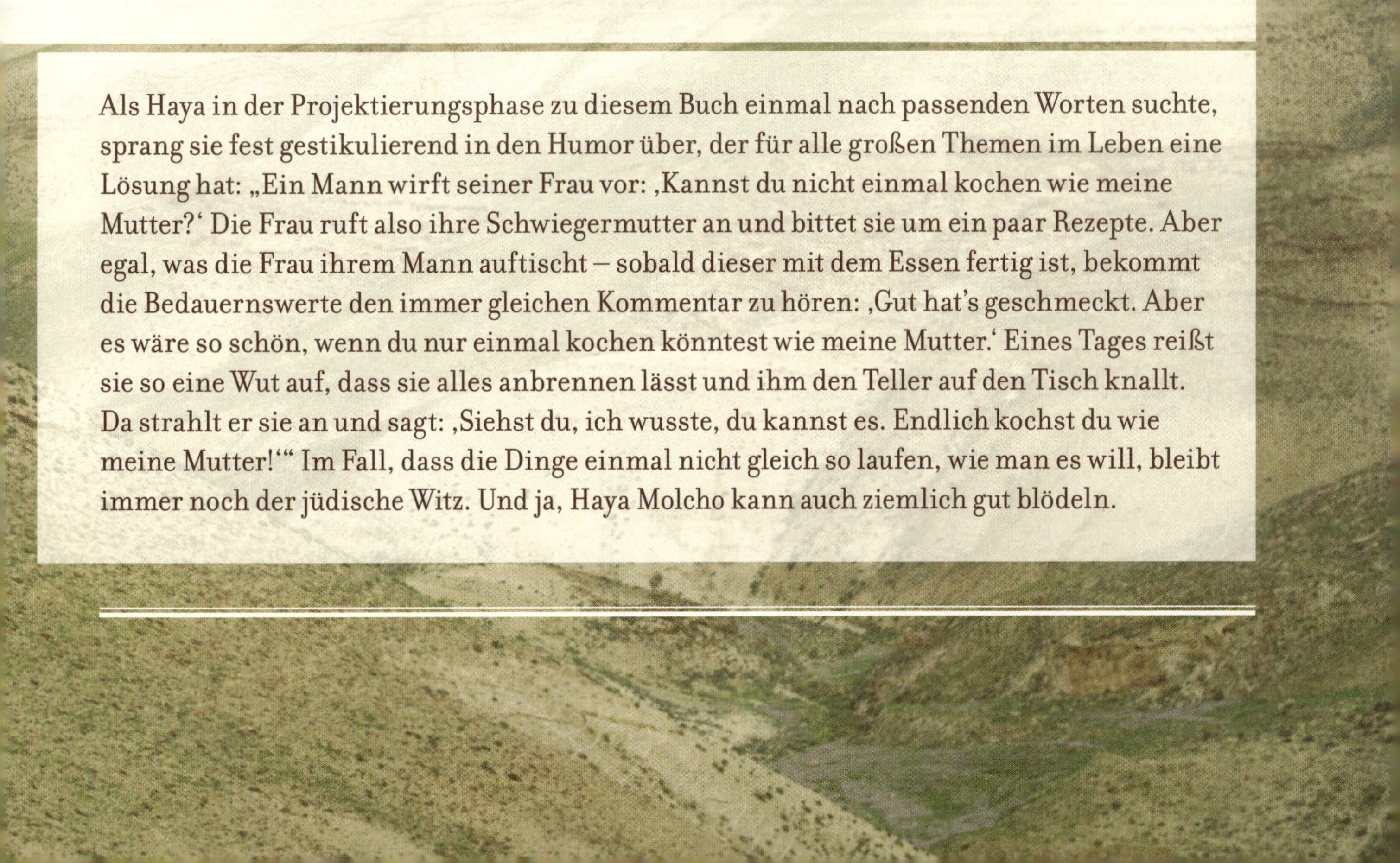

WARNUNG

Die Lektüre dieses Buches kann Ihre Kochgewohnheiten nachhaltig verändern. Es ist nicht für Pyromanen, Putzmuffeln oder pubertierende Rebellen geeignet.

Die Rezepte sollten ausschließlich in Küchen mit funktionierendem Wasseranschluss, gut zu reinigendem Stein- oder Fliesenboden oder unter freiem Himmel angewendet werden. Sollten Sie bei der Umsetzung der Rezepte Feuer fangen, schauen Sie, dass dieses auch auf andere überspringt: Empfehlen Sie uns weiter!

INHALT

AUF KLEINER FLAMME

CAMPINGBRENNEN, GASHERD UND RÄUCHER-WOK

Zu Beginn dieses Buches stelle ich Ihnen zwei eher ungewöhnliche Formen der „Feuerküche“ vor. Zum einen das „Abfeuern“ auf einer Gasflamme, was natürlich einen wahnsinnigen Dreck verursacht, aber herrlich schmeckt.

Zum anderen das Räuchern – allerdings nicht in einem professionellen Räucherofen, sondern in einem alten Wok.

Das Kochen mit der Senia ist für mich eine der sinnlichsten Formen der Zubereitung. In Israel stellt man diese direkt aufs offene Feuer und kocht darin die herrlichsten Schmorgerichte. Wer dazu nicht die Möglichkeit hat, kann sie natürlich in den Ofen schieben. Gleich erfahren Sie mehr …

MELANZANI

VOM OFEN MIT JOGHURT, ZATAR UND GRANATAPFEL

EINKAUFSLISTE	
300 g	Melanzani
2 Becher	Joghurt
1	Knoblauchknolle
1	Granatapfel
	Zatar (arabische Gewürzmischung)
	Sonnenblumen- *oder* Maiskernöl (zum Frittieren)
	Salz
	frische Minze

Melanzani in zirka 1 Zentimeter dicke „Dukaten" schneiden und frittieren.

1 Becher Joghurt mit 1 Zehe gepressten Knoblauch, 1 Teelöffel Zatar und Salz mischen. Auf jede Melanzani-Scheibe 1 Esslöffel Joghurtmischung – Sie können diesen ruhig großzügig bemessen! – streichen. Vor dem Servieren mit Granatapfel-Kernen und frischer Minze garnieren.

Noch ein paar Worte zu Zatar, das immer wieder in meinen Rezepten zu finden ist. Ursprünglich kommt das Gewürz aus Nordafrika und wird auf Basis von marokkanischem Oregano oder marokkanischem Majoran zubereitet. Meist aber werden beide Kräuter miteinander vermischt. Dazu kommen Sumach-Blätter, geröstete Sesamsamen und Salz. Die Marokkaner beschmieren ihre Brotfladen mit Öl und Zatar oder würzen damit ihr Fleisch.

IN AHORNSIRUP UND SOJASAUCE

EINKAUFSLISTE	FÜR 4 PORTIONEN
2	Melanzani
1	grüne Chilischote
1 Bund	Petersilie
	Sojasauce
	Ahornsirup
	Maiskern- *oder* Sonnenblumenöl
	schwarzer Pfeffer

Melanzani in zirka 1 Zentimeter dicke Scheiben schneiden und frittieren, bis diese leicht goldfarben sind. Auf Küchenpapier legen und abtropfen lassen.

In einer Schale 2 Esslöffel Ahornsirup, 2 Esslöffel Sojasauce, 1/2 Bund fein zerhackte Petersilie, 1 in kleine Rädchen geschnittenen grünen Chili und 1/2 Teelöffel gemahlenen schwarzen Pfeffer miteinander vermengen.

Melanzani in der Marinade einlegen und entweder sofort essen – oder in den Eisschrank stellen, wo sie sich bis zu 5 Tage lang frisch halten.

HAYAS TIPP

Die Melanzani mit Salz bestreuen und mindestens 30 Minuten in einem Sieb ruhen lassen. Auf diese Art lassen sie recht viel Flüssigkeit ab und bleiben „knackiger“, wenn man sie brät.

Nach dem Frittieren Melanzani mit Papier abtupfen und trocknen. So verhindert man, dass sie zu viel Fett annehmen.

OFEN-MELANZANI-SUPPE

EINKAUFSLISTE	FÜR 8 PORTIONEN
3	Melanzani
1 1/2	Karotten
1	Zwiebel
1	Lauchstange
1	Knoblauchknolle
1	Zitrone, unbehandelt
1 Flasche	trockener Weißwein
1 Becher	Schlagobers (Schlagsahne)
1/4 l	Milch
	Olivenöl
	Lorbeerblätter
	Thymianzweige
	Salz
	Pfeffer

Melanzani halbieren und im Ofen braten, bis sie weich sind. Anschließend von der Schale befreien und in kleine Stücke schneiden.

Zwiebel und Knoblauch zerkleinern und in einem hohen Topf in etwas Öl anschwitzen. Melanzani und Milch sowie 1 Lorbeerblatt und 1/2 Thymianzweig beigeben und kurz aufkochen lassen. 1/16 Liter Weißwein langsam eingießen, sodass die Milch nicht zum Stocken kommt. Das Ganze 15 Minuten köcheln lassen, Lorbeerblatt und den Thymianzweig aus dem Topf entfernen. Anschließend die grobe Suppe mit dem Blender mixen, sodass eine flüssig-cremige Masse entsteht. Nun 1/16 Liter Schlagobers dazugießen und nochmals mit einem Mixer gut durchfahren.

1 1/2 Karotten schälen und in kleine Würfel schneiden. Lauchstange in zirka 2 Millimeter dicke Rädchenstreifen zerteilen. In die Suppe geben und dort 15 Minuten köcheln lassen. Eventuell noch einmal 1 frischen Zweig Thymian mitkochen. Am Ende 2 Löffel Olivenöl und 1/2 Esslöffel Zitronensaft einrühren. Mit Salz und Pfeffer abschmecken.

HAYAS TIPP

Ich dekoriere die Suppe mit Zitronenzeste und ein paar frischen Thymianblättern. Das gibt ihr zusätzliche Farbe und verstärkt den mediterranen Geschmack.

SHAKSHUKA

MIT MELANZANI UND ZIEGENKÄSE

EINKAUFSLISTE	FÜR 6 PORTIONEN
1	Melanzani
4	Schalotten
1	Knoblauchknolle
8	Tomaten *oder* 1 Dose Pelati
1	Pfefferoni
6	Eier
1 Rolle	weicher Ziegenkäse
1 Bund	Petersilie
	Olivenöl
	Kreuzkümmel
	Salz
	Pfeffer

Melanzani zu kleinen Würfeln verarbeiten und im Öl knusprig braten, bis sie weich sind und eine goldene Farbe bekommen. Anschließend aus der Pfanne nehmen und auf Saugpapier abtropfen lassen.

In einer Pfanne Olivenöl erhitzen und die in Ringe geschnittenen Schalotten kurz anbraten. 2 zerhackte Knoblauchzehen, den klein geschnittenen Pfefferoni und 1/2 Teelöffel Kreuzkümmel dazugeben.

Tomaten blanchieren, schälen und in kleine Würfel schneiden (siehe auch Rezept „Gefüllte Kartoffeln", Seite 32). Oder man nimmt 1 Dose Pelati und schneidet die darin enthaltenen, bereits vorgeschälten Tomaten in kleine Stückchen.

Die Tomaten sowie die Melanzaniwürfel in die Pfanne mit den Schalotten geben und das Ganze 10 Minuten köcheln lassen. Mit Salz und Pfeffer abschmecken. Dann die rohen Eier Stück für Stück aufschlagen und ganz vorsichtig auf die köchelnde Masse gleiten lassen. Pfanne mit einer Folie abdecken und 2 Minuten auf kleinster Flamme garen. Auf die Eier ganz dünn geschnittene Ziegenkäse-Scheiben legen und diese mit einem Gasbrenner karamellisieren.

Die Shakshuka mit grob gehackter Petersilie dekorieren und sofort servieren.

HAYAS TIPP

Man kann die Tomaten-Melanzani-Sauce schon am Tag davor zubereiten. Erst kurz bevor man die Speise essen will, alles nochmals rasch aufwärmen und zum Schluss die Eier darüber stülpen.

In Israel ist Shakshuka ein klassisches Frühstücksgericht, in das ordentlich Brot getunkt wird. Wer sich über dieses morgendliche Abenteuer wagt, braucht erst am Abend wieder zu essen.

TOMATENSUPPE

MIT GEWÜRFELTEN MELANZANI

EINKAUFSLISTE	FÜR 4 PORTIONEN
1	Melanzani
2 Dosen	Pelati
2	Tomaten
2 Gläser	Hühner- *oder* Gemüsebrühe
3	Schalotten
1 Bund	Basilikum
1	Knoblauchknolle
1	getrockneter Pfefferoni
	Schafskäse *oder* Mozzarella
	Parmesan
	Oregano
	Zucker
	Salz
	schwarzer Pfeffer
	Balsamico *oder* Zitrone
	Olivenöl
	Butter

In einem Topf 3 Esslöffel Olivenöl sowie 1 Esslöffel Butter wärmen und die in Würfel geschnittenen Melanzani knusprig anbraten. 4 Esslöffel davon in einer Schüssel beiseitestellen.

Im selben Kochgefäß die Schalotten anschwitzen, anschließend 800 Gramm Pelati, 1 Zehe gepressten Knoblauch, 1 Teelöffel Oregano, 1/2 getrockneten, zerkleinerten Pfefferoni beigeben. 1/2 Liter Hühner- und Gemüsebrühe dazugießen und die Suppe 15 Minuten köcheln lassen. Mit etwas Zucker, Balsamico (oder Zitrone), grob gemahlenem schwarzen Pfeffer und Salz abschmecken.

Für die Dekoration werden 2 große, frische Tomaten geschält und in Würfel geschnitten. 4 Teelöffel Schafskäse – oder Mozzarella, der ebenfalls in kleine Würfel geschnitten wird – bereitstellen. Parmesan reiben, bis man damit 1 Esslöffel voll bekommt. Die Basilikumblätter in grobe Streifen schneiden.

Die Suppe anrichten und pro Portion 1 Esslöffel Melanzaniwürfel, Tomatenwürfel plus 1 Teelöffel Schafskäse in der Mitte des Tellers platzieren. Mit etwas Parmesan bestreuen und über die ganze Fläche das Basilikum verteilen.

TOMATENSUPPE MIT PASTA, KICHERERBSEN UND PESTO

EINKAUFSLISTE	FÜR 4 PORTIONEN
2 Dosen	Pelati
1 kleine Dose	Kichererbsen
	Schmetterlingsnudeln
2 Gläser	Hühner- *oder* Gemüsebrühe
3	Schalotten
1	Knoblauchknolle
1	getrockneter Pfefferoni
	Parmesan
	Basilikum-Pesto
	Oregano
	Zucker
	Salz
	schwarzer Pfeffer
	Balsamico *oder* Zitrone
	Olivenöl
	Butter

Die Suppe wird genauso zubereitet wie auf Seite 16. Die vorgekochten Kichererbsen (1/2 Dose) werden so beigegeben, dass sie gemeinsam mit der Suppe 15 Minuten bei mittlerer Flamme köcheln.

Aufpassen – Konservierungsstoffe-Alarm! Dosen-Kichererbsen müssen ordentlich abgespült werden, bevor sie in die Suppe kommen.

Die Pasta separat kochen (Dauer steht auf der Packung) und erst am Ende in die Suppe geben. Etwas geriebenen Parmesan darüber streuen. Pesto vorsichtig mit einem Espresso-Löffel auf die Suppe tröpfeln. Besonders hübsch sieht es aus, wenn man damit auf der Suppe eine dünne Schneckenlinie zeichnet. Allerdings ist es ratsam, den Vorgang schon einmal geübt zu haben – sonst droht die Suppe kalt zu werden, bis man sie serviert!

HAYAS TIPP

Natürlich kann man die geschälten Tomaten auch durch frische, reife Tomaten ersetzen. Deshalb liebe ich diese Suppe ganz besonders im Sommer.

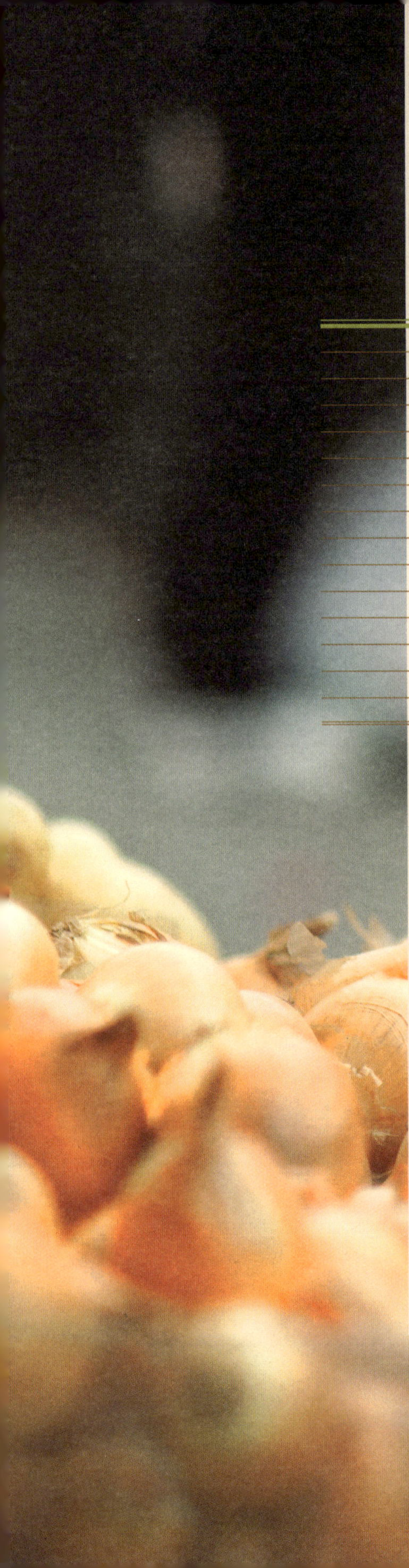

MEJADERA

MIT SCHARFER TOMATENSALSA

EINKAUFSLISTE MEJADERA	
300 g	grüne Linsen
200 g	Basmatireis
1 Packung	türkische Nudeln
2	Zwiebeln
	Hühner- *oder* Gemüsebrühe
	Butter
	Olivenöl
	Muskatnuss
	Zimt
	Salz
	Pfeffer

Linsen für 2 bis 3 Stunden einweichen, dann mit kaltem Wasser ausspülen. 25 Minuten kochen, abseihen und in eine Schüssel geben.

50 Gramm türkische Nudeln mit 40 Gramm Butter braten, bis sie einen goldenen Schimmer haben. Reis mit kaltem Wasser waschen, gut abtropfen lassen und in den Topf mit den Nudeln geben. 400 Milliliter Hühner- oder Gemüsebrühe darüber gießen. 1/2 Teelöffel geriebene Muskatnuss, 1 1/2 Teelöffel Zimt, 1 1/2 Teelöffel Salz und etwas Pfeffer dazugeben.

Die Reis-Nudel-Brühe kurz aufkochen, anschließend gut abgedeckt weitere 12 Minuten auf kleiner Flamme köcheln lassen.

Währenddessen die Zwiebeln in dünne Ringe schneiden und im Öl knusprig braten.

Den Reis mit einer Gabel lockern, Linsen dazumischen und mit den Zwiebelringen dekorieren.

Mejadera (gesprochen: Meşadera) ist ein libanesisches Reis-Linsen-Gericht mit gerösteten Zwiebeln. Man kann es warm und kalt servieren. Es ist sehr nahrhaft, obwohl es fettarm ist – und wer unter seinen Freunden Vegetarier hat, wird sie mit dieser intensiven, sehr würzigen Speise beeindrucken! Anstelle der Hühnerbrühe sollte man dann allerdings konsequenterweise Gemüsefond verwenden.

EINKAUFSLISTE TOMATENSALSA	
2 Dosen	Pelati (geschälte Tomaten)
2	rote Chilischoten
1	Knoblauchknolle
1 Bund	Koriander
	Kreuzkümmel, gemahlen
	Olivenöl
	Apfelessig
	Salz

Knoblauch und Chili in kleine Stückchen schneiden und in einer Pfanne mit Olivenöl kurz anrösten. Anschließend 8 Pelati-Tomaten würfeln, mit 1 Esslöffel Apfelessig, 2 Teelöffeln Kreuzkümmel und etwas Salz würzen. Die Salsa 20 Minuten lang auf großer Flamme reduzieren. Die Korianderblätter grob zupfen und als Dekoration verwenden.

COUSCOUS
MEJADERA

EINKAUFSLISTE	FÜR 6–8 PORTIONEN
100 g	Belugalinsen
250 g	Couscous
1	Zwiebel
	Kreuzkümmel
	Zimt
	brauner Zucker
	Olivenöl
	Butter
	Salz
	Pfeffer

100 Gramm Belugalinsen 25 Minuten kochen und abseihen – Achtung: Den Sud bitte aufbewahren!

Couscous zubereiten: 1/4 Liter Wasser mit 1 Esslöffel Olivenöl und 1 Teelöffel Salz in einem Topf zum Kochen bringen. Wasser vom Herd nehmen, 250 Gramm Couscous einrühren und 2 Minuten ziehen lassen. 2 Teelöffel Butter daruntermischen und bei kleinster Hitze unter ständigem Rühren nochmals 3 Minuten köcheln lassen.

Zwiebel klein schneiden, dann in Öl anbraten. 1 Teelöffel Kreuzkümmel, 1/3 Teelöffel Zimt, etwas Pfeffer (je nach Geschmack) beigeben und 2 Minuten immer wieder gut durchrühren, sodass sich die Gewürze gleichmäßig verteilen. Danach Zwiebel mit 1 Esslöffel braunem Zucker karamellisieren.

Vom Herd nehmen, mit den Linsen und dem Couscous vermischen. 1/8 Liter Olivenöl sowie 1/8 Liter Linsensud dazugießen und mit Salz und Pfeffer abschmecken.

LAUCH-WURZELGEMÜSE MIT OLIVENÖL, ZATAR UND ZITRONEN

EINKAUFSLISTE	FÜR 4 PORTIONEN
4	Petersilienwurzeln
2	Selleriewurzeln
4	Stangen Lauch
4	Jungzwiebeln
8	Schalotten
2	Zitronen, unbehandelt
1	Knoblauchknolle
	Thymianzweige
	Oregano
	Olivenöl
	brauner Zucker
	Salz
	Pfeffer

Sellerie- und Petersilienwurzeln schälen und in mittelgroße Stücke schneiden. Lauch und Jungzwiebeln zu Rädchen verarbeiten. Schalotten vierteln. 1/2 Zitrone in kleine Stückchen schneiden. 8 Knoblauchzehen samt ihrer Schale halbieren.

Gemüse auf einem Blech oder einer flachen Keramikform drapieren. Mit Olivenöl und dem Saft 1 Zitrone übergießen, 1 Esslöffel braunen Zucker darüber streuen, salzen und pfeffern. Zutaten mit frischem Oregano und den Thymianzweigen abdecken.

Ofen auf 180 °C bringen und das Gemüse darin schmoren lassen, bis es an den Spitzen eine goldene Farbe bekommt (zirka 25 Minuten).

WURZELGEMÜSE-ANTIPASTI MIT RAS EL-HANOUT

	FÜR 10 PORTIONEN
1	Butternuss- oder Hokkaidokürbis
2	Süßkartoffeln
3	Petersilienwurzeln
250 g	Babykarotten
1	rote Zwiebel
10	Jerusalem-Artischocken (Topinambur)
2	Fenchelknollen
1	Knoblauchknolle
	Ras el-Hanout (marokkanische Gewürzmischung, z.B. bei „Spar" erhältlich)
	Olivenöl
	Salz
	Pfeffer

Den Kürbis achteln. 2 Süßkartoffeln und die Babykarotten der Länge nach zerteilen. 3 Petersilienwurzeln der Länge und Breite nach halbieren. 1 rote Zwiebel in 6 Teile schneiden. Fenchelknollen jeweils achteln. 10 Stück Jerusalem-Artischocken gut waschen und halbieren. 5 Knoblauchzehen von ihrer Schale befreien.

Das Gemüse schön auf einem Blech oder in einer flachen Keramikform schlichten. 1 Teelöffel Ras el-Hanout darüber streuen, salzen, pfeffern und mit etwas Olivenöl übergießen.

Herd auf 180 °C vorheizen und das Gemüse darin 30 Minuten garen lassen.

HAYAS TIPP

Die letzten 10 Minuten kann man gekochte Kichererbsen hinzufügen. Ich serviere die Speise mit cremigem Joghurt oder Tahina. Oder mit einer Spinatsauce (siehe Rezept Seite 122).

Wurzelgemüse

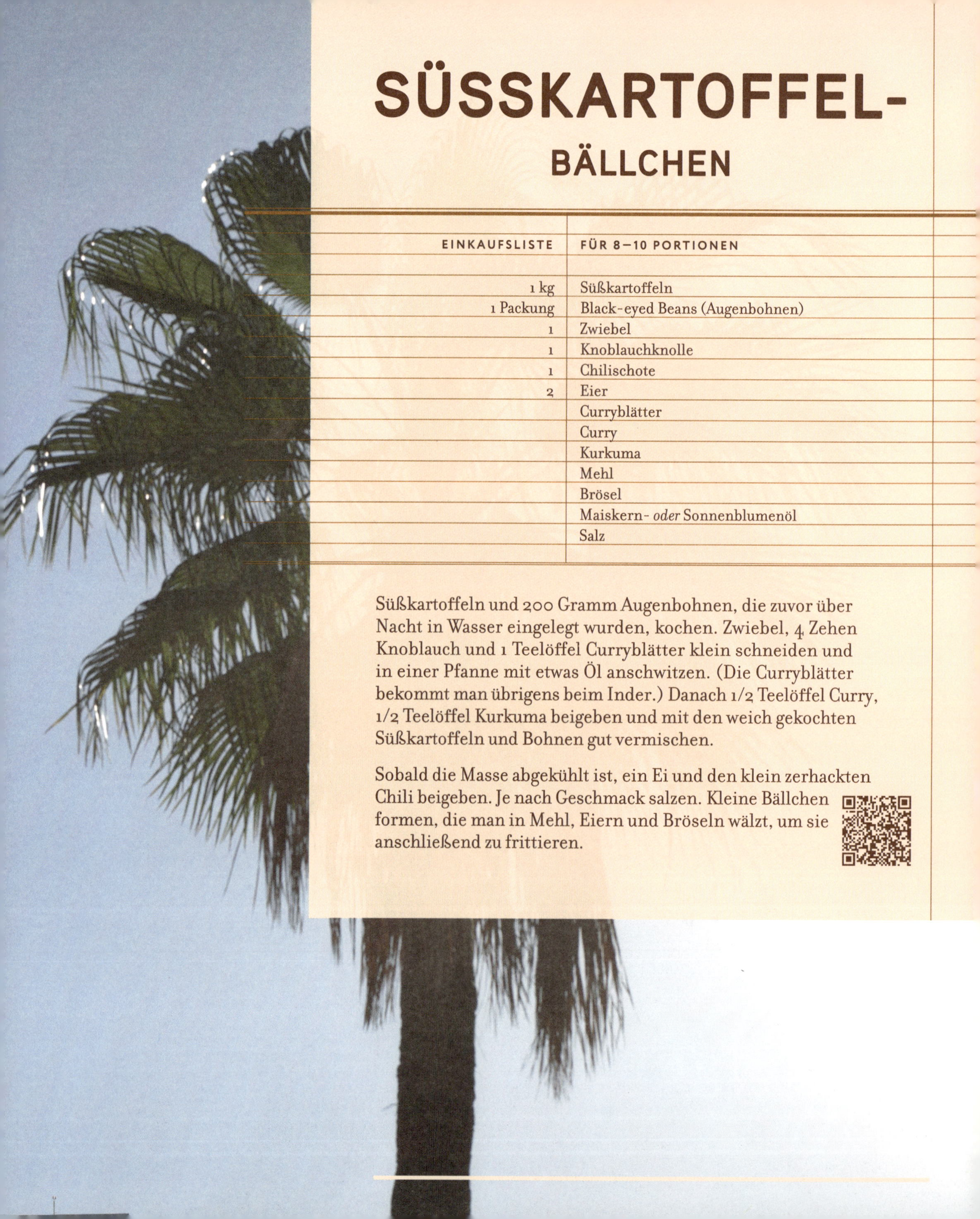

SÜSSKARTOFFEL-
BÄLLCHEN

EINKAUFSLISTE	FÜR 8–10 PORTIONEN
1 kg	Süßkartoffeln
1 Packung	Black-eyed Beans (Augenbohnen)
1	Zwiebel
1	Knoblauchknolle
1	Chilischote
2	Eier
	Curryblätter
	Curry
	Kurkuma
	Mehl
	Brösel
	Maiskern- *oder* Sonnenblumenöl
	Salz

Süßkartoffeln und 200 Gramm Augenbohnen, die zuvor über Nacht in Wasser eingelegt wurden, kochen. Zwiebel, 4 Zehen Knoblauch und 1 Teelöffel Curryblätter klein schneiden und in einer Pfanne mit etwas Öl anschwitzen. (Die Curryblätter bekommt man übrigens beim Inder.) Danach 1/2 Teelöffel Curry, 1/2 Teelöffel Kurkuma beigeben und mit den weich gekochten Süßkartoffeln und Bohnen gut vermischen.

Sobald die Masse abgekühlt ist, ein Ei und den klein zerhackten Chili beigeben. Je nach Geschmack salzen. Kleine Bällchen formen, die man in Mehl, Eiern und Bröseln wälzt, um sie anschließend zu frittieren.

HAYAS TIPP

Sehr gut schmeckt dazu unser Zhug (Humusmarinade, siehe Rezept Seite 116), das man in den „Neni“-Restaurants und in ausgewählten „Spar“-Filialen bekommt.

Und noch ein Tipp: Wenn man keine Eier verträgt, kocht man am besten Okra, seiht das Wasser ab und verwendet es als Bindemittel. Man muss es nur langsam einrühren, bis die Masse schön klebrig ist. Das verbliebene Okra-Gemüse kann man anderweitig einsetzen. Den Rest des Wassers aber schüttet man weg.

KÖFTE

(FLEISCHBÄLLCHEN) MIT TAHINA

EINKAUFSLISTE	FÜR 4–6 PORTIONEN
500 g	faschiertes Lamm
500 g	faschiertes Rindfleisch
1 Glas	Tahina
1	Zwiebel
1 Packung	gemahlene Muskatnuss
1 Packung	Pinienkerne
1 Bund	Petersilie
	Olivenöl
	Salz
	Pfeffer

Zwiebel fein schneiden, Petersilie klein zerhacken und mit 1 Teelöffel Salz, 1/4 Teelöffel geriebene Muskatnuss sowie 50 Gramm Pinienkernen vermischen. Faschiertes Fleisch beigeben und alles gut mit den Fingern durchkneten, bis sich eine schöne „teigige" Masse ergibt. Köfte wie auf dem Bild formen und 2 Minuten in heißem Öl anbraten.

Danach die Fleischbällchen auf einer Senia (flache, große Tablett-Pfanne) drapieren. Tahina darüber gießen und im vorgeheizten Rohr bei 180 °C 20 Minuten lang braten lassen.

HAYAS TIPP Weitere 50 Gramm Pinienkerne in einer Pfanne kurz rösten und das fertige Gericht damit dekorieren. Ich esse am liebsten dazu Pitabrot, eines der Basics der orientalischen Küche.

MAROKKANISCHE FISCHBÄLLCHEN MIT KICHERERBSEN

EINKAUFSLISTE	FÜR 6 PORTIONEN
1 kg	weißer Fisch
1	Knoblauchknolle
1	Zitrone, unbehandelt
1 Bund	Koriander
1 Bund	Petersilie
1 kleine Packung	Semmelbrösel
2	Eier
1	rote Chilischote
1	grüne Chilischote
2	rote Paprika
1 Glas	Kichererbsen
	Tomatenmark
	Kreuzkümmel
	Paprikapulver
	Kurkuma
	Ras el-Hanout (marokkanische Gewürzmischung)
	Dattelsirup *oder* Honig
	Olivenöl
	Salz

Den Fisch faschieren oder in kleine Würfel schneiden. 4 Knoblauchzehen und 1/2 Teelöffel Zitronenzeste beifügen. 4 Esslöffel frischen Koriander, 2 Esslöffel Petersilie und den roten Chili fein zerhacken. Die Masse mit 4 Esslöffeln Bröseln, 2 Eiern, 1 Teelöffel Kreuzkümmel und 1 Prise Salz gut durchkneten. Kleine Bällchen formen und 1 Stunde im Kühlschrank rasten lassen.

In der Zwischenzeit folgende Sauce zubereiten: In einem großen Topf 3 Esslöffel Olivenöl wärmen und darin 3 fein geschnittene Knoblauchzehen, den in Würfel geschnittenen roten Paprika sowie den zerhackten grünen Chili 2 Minuten anbraten. Danach 1 Löffel Tomatenmark und 1/4 Liter Dattelsirup (oder Honigwasser) beigeben und die Sauce mit 1 Teelöffel roten, süßen Paprikapulver, 1/2 Teelöffel Kurkuma, 1/2 Teelöffel Ras el-Hanout und etwas Salz würzen und 1 weitere Minute kochen lassen.

Das Ganze mit 2 Glas Wasser und dem Saft 1/2 Zitrone aufgießen, Kichererbsen beifügen und einmal kurz aufkochen. 15 Minuten weiterköcheln lassen und in eine Senia gießen. Fischbällchen sorgfältig in die Sauce einlegen und diese weitere 15 Minuten auf kleiner Flamme darin garen.

HAYAS TIPP

Ich dekoriere diesen Fischeintopf mit grob zerhacktem Koriander. Dazu serviere ich Basmatireis oder gegrillten Fenchel (siehe Rezept Seite 76).

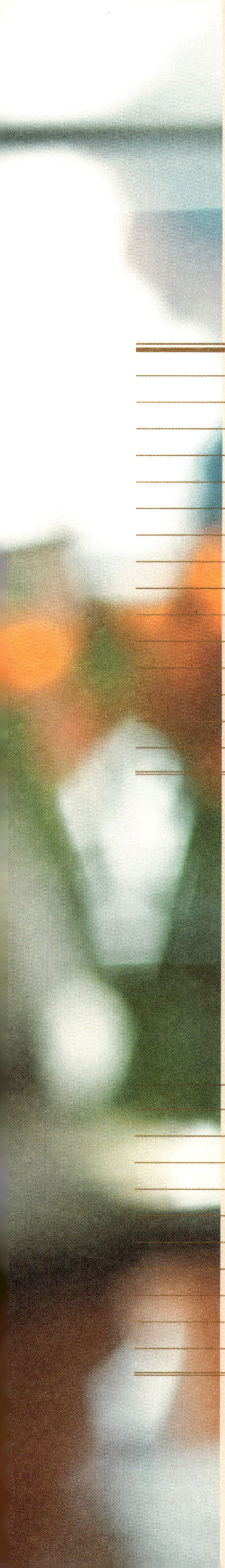

HÜHNER-MAIS-FASCHIERTES

MIT **PAPRIKA-DIP**

EINKAUFSLISTE HÜHNER-MAIS-FASCHIERTES	FÜR 4 PORTIONEN
500 g	Hühnerfaschiertes
1 Glas	Maiskörner *oder* 1 Packung gefrorener Mais
1 kleine Packung	Weißbrot
4	Jungzwiebeln
1	Ei
1 Bund	Petersilie
1	Knoblauchknolle
	Maiskern- *oder* Sonnenblumenöl
	Gemahlener Kreuzkümmel
	Salz
	Pfeffer

100 Gramm Mais in einer heißen Pfanne kurz rösten. 3 Scheiben Weißbrot in etwas Wasser einweichen und gleich danach ausdrücken. 4 Jungzwiebeln klein schneiden.

Faschiertes mit dem Mais, Weißbrot, Zwiebelstückchen und dem Ei gut durchkneten. Petersilie fein zerhacken und 1 gehäuften Esslöffel davon der Masse beigeben. 1 gepresste Knoblauchzehe und 2 1/2 Teelöffel gemahlenen Kreuzkümmel dazumischen. Mit Salz und Pfeffer abschmecken. Kleine Bällchen formen und in heißem Öl braten.

PAPRIKA-DIP	
6	große, rote Paprika
1 Becher	Labane
	Olivenöl
1	Zitrone
1	Knoblauchknolle
	Salz
	Pfeffer

Paprika im Holzofengrill oder über dem Gasherd anbrennen, bis die Haut schwarz ist. Danach die Schale mit etwas Salz bestreuen und die Paprika gut in einem Plastikbeutel verpacken. 5 Minuten schwitzen lassen – so lässt sich die Schale ganz leicht abziehen.

Im Cutter mit 100 Gramm Labane, 2 Knoblauchzehen und 1/8 Liter Olivenöl fein pürieren. Mit etwas Salz und Pfeffer abschmecken.

Sollte der Dip von der Konsistenz her zu wenig flüssig sein, bringe ich ihn mit etwas frisch gepresstem Zitronensaft in die richtige Textur.

HAYAS TIPP

Ich serviere zu den Hühner-Mais-Bällchen mit Paprika-Dip Pitabrot, das man auch bei „Neni" am Naschmarkt täglich frisch zu kaufen bekommt.

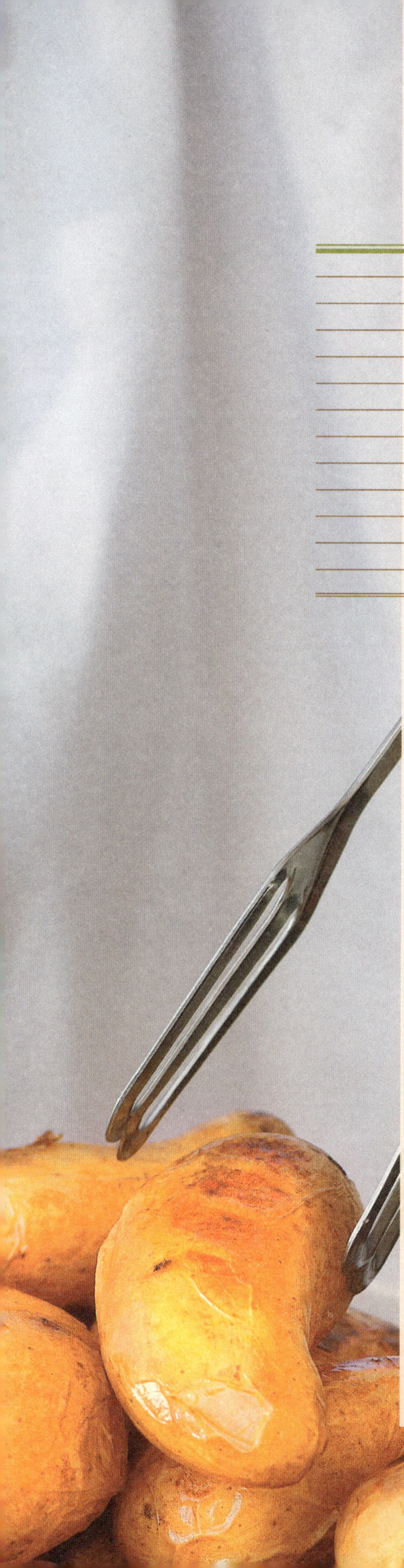

GEFÜLLTE OFENKARTOFFELN

EINKAUFSLISTE	
8	Bratkartoffeln, Sorte mehlig kochend
2 Becher	Sauerrahm
4	große, feste Tomaten
3	Pfefferoni
	Olivenöl
	Salz
	Pfeffer
	Alufolie
	Koriander

Die Kartoffeln mit der Schale 10 Minuten kochen. Danach in Alufolie hüllen und für weitere 15 bis 20 Minuten (je nach Kartoffelgröße) im Ofen brutzeln lassen. Mit einem Zahnstocher mehrmals testen, wann die Kartoffeln innen durch sind.

In der Zwischenzeit blanchiert man die Tomaten, indem man sie für 1/2 Minute in kochendes (!) Wasser legt. So lässt sich deren Haut ganz leicht abziehen.

Sind die Kartoffeln weich, nimmt man sie aus dem Ofen, schneidet sie an einer Seite bis zur Hälfte auf und schält vorsichtig mit einem Teelöffel 3/4 des Inneren heraus. Die gewonnene Kartoffelmasse kann zu gestampften Kartoffeln oder einem Kartoffelpüree verarbeitet werden.

Den ausgehöhlten Teil aber bepinselt man mit Olivenöl und Salz und schiebt ihn ein weiteres Mal für 10 Minuten ins Backrohr (180 °C) – bis die Schale knusprig ist.

Parallel dazu mischt man die gewürfelten, blanchierten Tomaten sowie die klein geschnittenen Pfefferoni in den Sauerrahm. Mit Salz, Pfeffer und etwas Olivenöl noch einmal abschmecken, die Masse in die „Kartoffel-Schalen" füllen und zum Schluss alles nochmals in den Ofen schieben und bei 180 °C 5 bis 6 Minuten überbacken.

Mit Koriander anrichten.

GEFÜLLTE OFENKARTOFFELN MIT FASCHIERTEM, PINIENKERNEN UND TAHINA

EINKAUFSLISTE FASCHIERTES	FÜR 4 PORTIONEN
250 g	Faschiertes vom Rind
1	kleine Zwiebel
1 Bund	Petersilie
	Kreuzkümmel
	rotes Paprikapulver
	schwarzer Pfeffer aus der Mühle
	Pinienkerne
	Salz

EINKAUFSLISTE TAHINA	FÜR 4 PORTIONEN
1 Glas	Tahina (Sesampaste)
2	Zitronen
1	Knoblauchknolle
	Salz

Das Basisrezept für „Gefüllte Ofenkartoffeln" finden Sie auf der vorigen Seite. Anstelle der dort angeführten 8 Kartoffeln reichen für dieses Rezept 4 große Bratkartoffeln (Sorte mehlig kochend). Als Alternative zur beschriebenen Sauerrahm-Füllung schlage ich diesmal Faschiertes und Tahina vor.

Das Faschierte wird folgendermaßen zubereitet: Die fein geschnittene Zwiebel in einer Pfanne anrösten, das Fleisch beigeben und kurz darauf die fein zerhackte Petersilie sowie 1/2 Teelöffel rotes Paprikapulver dazumischen. Das Ganze gut durchbraten und erst am Ende mit Salz, 1 Teelöffel Kreuzkümmel und schwarzem Pfeffer würzen.

Sesampaste: 150 Gramm Tahina, 150 Milliliter Wasser, 1 Teelöffel Salz, Saft von 2 Zitronen und 1 gepresste Knoblauchzehe in ein hohes, schlankes Gefäß geben und mit dem Stabmixer kurz pürieren.

Zuletzt 1 Handvoll Pinienkerne rösten und über die Kartoffeln dekorativ verteilen.

GEFÜLLTE OFENKARTOFFELN MIT MELANZANI-CREME, KALAMATA-OLIVEN, SAUERRAHM UND FRISCHEN KRÄUTERN

EINKAUFSLISTE	
1 kg	Melanzani
1 Glas	Kalamata-Oliven
1	Zitrone
1 Bund	Minze
1 Becher	Sauerrahm
	Salz
	Pfeffer

Das Basisrezept für „Gefüllte Ofenkartoffeln" finden Sie auf der Seite 33. Als Alternative zur dort beschriebenen Sauerrahm-Füllung schlage ich hier eine Melanzani-Creme vor, die man folgendermaßen zubereitet:

Melanzani auf der Gasflamme rundherum verbrennen, bis die Schale schwarz und die Frucht weich ist. Das Fruchtfleisch herausschälen und grob hacken. Danach die restlichen Zutaten beigeben: 6 bis 8 Esslöffel Zitronensaft (je nach Geschmack), 100 Gramm Kalamata-Oliven in grobe Stücke zerteilt, Minze grob zerhackt. Dies alles mit dem Sauerrahm vermischen.

Die Melanzani-Fülle zirka 30 Minuten im Kühlschrank ruhen lassen. Erst kurz vor dem Servieren die noch heißen Kartoffeln damit füllen.

GEFÜLLTE
Ofen-Kartoffeln

DIE RÄUCHER-ZONE

AUCH FÜR NICHTRAUCHER

WIE MAN ES ANGEHT, OHNE DASS DER NACHBAR DIE FEUERWEHR RUFT.

Als ich ein Kind war, kam mein Vater jeden Freitag vom „Shuk“, vom Markt, in Tel Aviv mit der herrlichsten Pastrami der Welt nach Hause. Der Fleischhauer stammte wie meine Eltern aus Rumänien, deshalb versorgte er uns mit der besten Qualität – frisch und zart, sodass einem das Fleisch im Munde zerging.

Dieser Duft des „Shuk“ begleitet mich mein ganzes Leben. Ich merke immer wieder, wie stark meine Erinnerungen an die Kindheit mit Essen und Gerüchen verbunden sind. Wahrscheinlich ist das auch einer der Gründe, weshalb ich so gerne räuchere – selbst räuchere! Ich verrate Ihnen an dieser Stelle die einfachste Technik, die Sie jederzeit umsetzen können.

Man nehme einen alten Wok und ein Bambusgeschirr, wie man es in jedem China-Shop bekommt. Die Chinesen dämpfen darin ihre Dim-Sum-Täschchen.

Der Wok sollte deshalb alt sein, weil er schon nach dem ersten Räucher-Versuch nicht mehr wirklich sauber zu bekommen ist. Trotzdem legt man den Wok mit mehreren Schichten Alufolie aus. Und drapiert darauf folgende Gewürzmischung:

- 1 Handvoll Bockshornklee, getrocknet
- 1 Handvoll Olivenblätter, getrocknet
- 1 Handvoll Jasmintee
- 5 Esslöffel braunen Zucker
- 4 Rosmarinstangen
- 6 Thymianäste
- 1 Handvoll schwarzen, rosa und weißen Pfeffer (gibt es als Pfeffermischung zu kaufen)

Auf die Blätter stellt man das Bambusgeschirr ohne Deckel und dreht den Herd auf mittlere Hitze. Nach 3 bis 4 Minuten entwickelt sich Rauch. Jetzt legt man rasch das Fleisch ins Geschirr, deckt den Wok zu und räuchert es etwa 20 Minuten. Danach nimmt man das Fleisch aus dem Wok und bereitet es im Rohr so zu, wie es das jeweilige Rezept vorsieht.

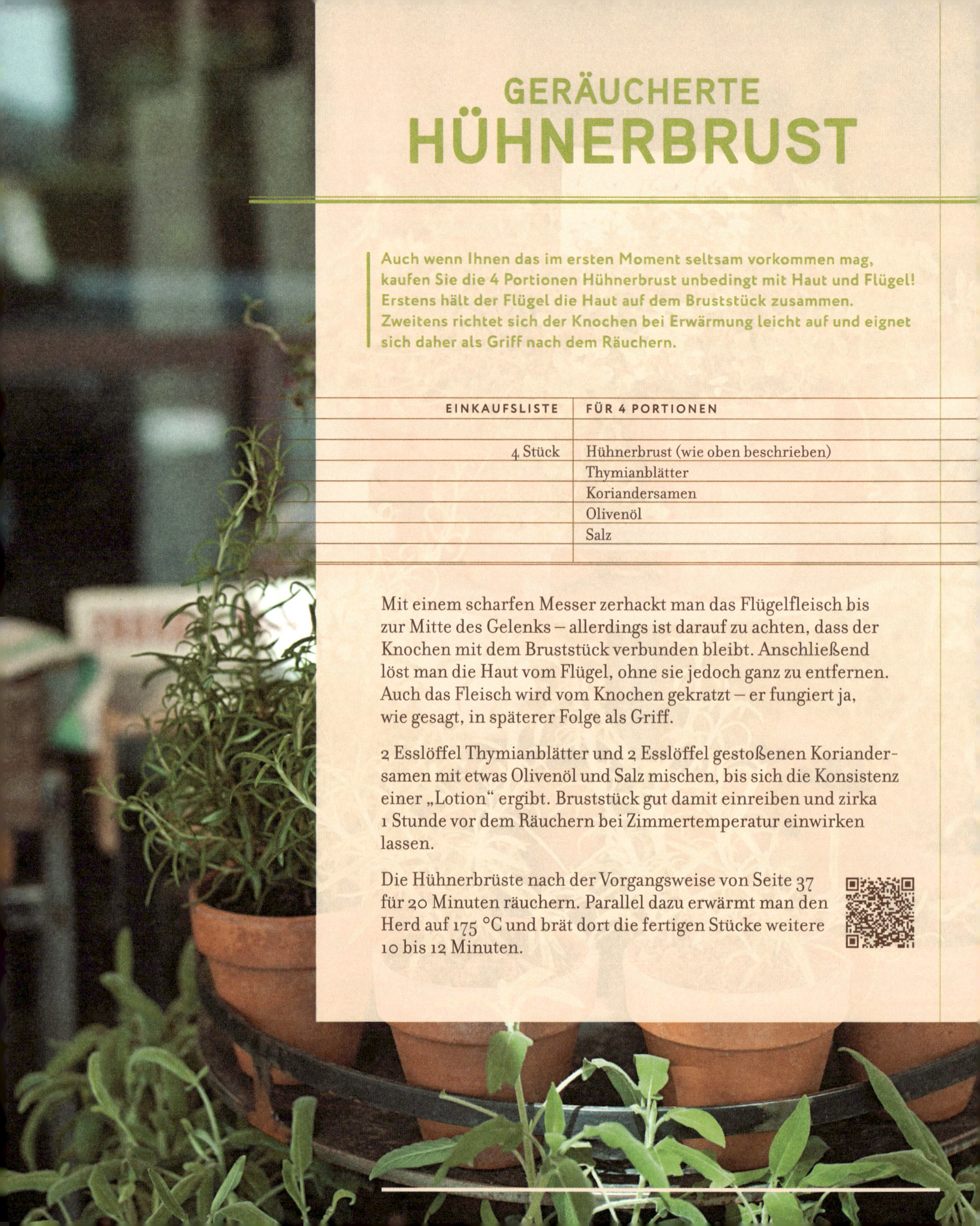

GERÄUCHERTE HÜHNERBRUST

Auch wenn Ihnen das im ersten Moment seltsam vorkommen mag, kaufen Sie die 4 Portionen Hühnerbrust unbedingt mit Haut und Flügel! Erstens hält der Flügel die Haut auf dem Bruststück zusammen. Zweitens richtet sich der Knochen bei Erwärmung leicht auf und eignet sich daher als Griff nach dem Räuchern.

EINKAUFSLISTE	FÜR 4 PORTIONEN
4 Stück	Hühnerbrust (wie oben beschrieben)
	Thymianblätter
	Koriandersamen
	Olivenöl
	Salz

Mit einem scharfen Messer zerhackt man das Flügelfleisch bis zur Mitte des Gelenks – allerdings ist darauf zu achten, dass der Knochen mit dem Bruststück verbunden bleibt. Anschließend löst man die Haut vom Flügel, ohne sie jedoch ganz zu entfernen. Auch das Fleisch wird vom Knochen gekratzt – er fungiert ja, wie gesagt, in späterer Folge als Griff.

2 Esslöffel Thymianblätter und 2 Esslöffel gestoßenen Koriandersamen mit etwas Olivenöl und Salz mischen, bis sich die Konsistenz einer „Lotion“ ergibt. Bruststück gut damit einreiben und zirka 1 Stunde vor dem Räuchern bei Zimmertemperatur einwirken lassen.

Die Hühnerbrüste nach der Vorgangsweise von Seite 37 für 20 Minuten räuchern. Parallel dazu erwärmt man den Herd auf 175 °C und brät dort die fertigen Stücke weitere 10 bis 12 Minuten.

HAYAS TIPP Bevor man die Putenbrust räuchert, kann man sie auch mit Dijon-Senf beschmieren oder in eine Rosmarin-Knoblauch-Olivenöl-Marinade einlegen.

GERÄUCHERTE PUTENBRUST

EINKAUFSLISTE	FÜR 4 PORTIONEN
800 g	Putenbrust
1	süßer Paprika
	Dattelsirup
	Maiskern- *oder*
	Sonnenblumenöl
	Salz

Putenfleisch in einen großen Behälter mit 3 Liter Wasser sowie 3 Löffel Salz geben, zudecken und 24 Stunden im Kühlschrank aufbewahren. Am nächsten Tag das Fleisch von der Flüssigkeit befreien und eventuell auch noch mit saugstarkem Küchenpapier abtupfen.

In einem Behälter 2 bis 3 Teelöffel süßen Paprika, 2 Esslöffel Dattelsirup, 3 Esslöffel Öl und etwas Salz miteinander vermischen. Diese Marinade fest von allen Seiten her in die Putenbrust einmassieren.

Anschließend räuchert man das Fleisch nach Vorgangsweise von Seite 37 für 30 Minuten. Parallel dazu erwärmt man den Herd auf 175 °C und brät dort das fertig geräucherte Stück Pute weitere 18 bis 20 Minuten.

Man serviert es warm am gleichen Tag oder schneidet es dünn auf, sobald es abgekühlt ist.

Geräuchertes Putenfleisch lässt sich 3 bis 4 Tage im Kühlschrank aufbewahren.

Kadayif-Fäden nennt man in Israel auch „Engelshaare", weil es sich dabei um ganz feine Teigfäden handelt, die im orientalischen Raum als Basis für viele Süßspeisen verwendet werden.

Kadayif wird aus Weizenmehl hergestellt. Damit er knusprig wird – so schmeckt er nämlich am besten! –, muss man ein paar Regeln kennen:

Kadayif-Haare sind fettlose Weizennudeln. Sie brauchen also Fett, wie Öl oder geschmolzene Butter, um ihre besten Eigenschaften hervorzukehren. Wichtig ist auch, dass der Teig, bis er verarbeitet wird, immer feucht bleibt. Wer die Packung zu früh geöffnet hat oder nicht alles in einem verarbeitet, tut gut daran, den restlichen Kadayif in ein feuchtes Tuch zu wickeln.

Vor der Verarbeitung tröpfelt man geschmolzene Butter oder Öl auf den Teig und knetet mit den Fingern das Fett gut in dessen Fäden, sodass es sich überall verteilt. Damit werden sie elastisch und man kann sie in verschiedene Formen, wie zum Beispiel in ein Nest oder eine Rolle (Zigarre), bringen. Auch nach dem Frittieren oder Backen bleiben sie knusprig und behalten so ihre Form.

Kadayif-Haare kennen die meisten, wie schon erwähnt, in Zusammenhang mit orientalischen Süßspeisen. Man kann sie aber auch salzig zubereiten. Bereits frittierte Kadayif muss man nicht im Kühlschrank aufbewahren, außer sie sind mit Creme gefüllt.

KADAYIF

MIT HALLOUMI, SPINAT, RICOTTA UND PINIENKERNEN

EINKAUFSLISTE	FÜR EINE OFENFESTE FORM VON 22 CM DURCHMESSER
300 g	Kadayif-Haare
500 g	frische Spinatblätter
1 Packung	Halloumi
1 Becher	Ricotta
1 Packung	Butter
1 Packung	Pinienkerne
1	Knoblauchknolle
	Muskatnuss
	Salz
	Pfeffer

100 Gramm Butter zum Schmelzen bringen und mit den Fingern gut in die Kadayif-Haare einarbeiten, damit die Fäden das Fett gleichmäßig aufsaugen. Die Spinatblätter zirka 3 Minuten im kochenden Wasser blanchieren und im Eiswasser abschrecken. 50 Gramm Ricotta, 100 Gramm geriebenen Halloumi, 1 gepresste Knoblauchzehe, Salz, Pfeffer und etwas geriebene Muskatnuss gut miteinander vermengen.

Eine Tarte-Form mit 2/3 der Kadayif-Haare auslegen und die Ricotta-Halloumi-Creme gleichmäßig darauf verschmieren. Dann die Spinatblätter, die restlichen geriebenen 50 Gramm Halloumi und die Pinienkerne darauf legen. Die „Tarte" mit dem restlichen Kadayif abdecken und 20 Minuten lang bei 180 °C im Herd backen.

HAYAS TIPP

Ich serviere dieses Gericht besonders gern mit Tomatensalsa (siehe Rezept Seite 18), die dem Ganzen auch optisch eine schöne Note verleiht.

ZUTATEN	
1	Eigelb
100 g	Mehl
150 ml	sehr kaltes Wasser
50 ml	gecrashtes Eis

Die Masse mit Chopsticks (chinesischen Stäbchen) rühren, damit sie nicht glatt wird.
Sie sollte klumpig sein.

1.) Der Teig muss so kalt wie möglich sein. Der Temperaturunterschied vom eiskalten Teig zum extrem heißen Öl ist ganz wesentlich! Er ist das Geheimnis für einen gelungenen Tempurateig. Daher sollte man diesen erst kurz vor dem Frittieren vorbereiten.

2.) Tempurateig kann man mit verschiedenen Gewürzmischungen zubereiten.
Meine Favoriten sind:
– Kurkuma, wegen der Farbe.
– Bei Fisch eine Gewürzmischung aus Wasabipaste oder gerösteten Sesamkernen.
– Zu Fleisch passt gut Pikantes oder Knoblauch.
– Gemüse harmoniert mit Thymian oder anderen mediterranen Gewürzen.

3.) Bei Fisch in Tempura müssen die Fischstücke oder -filets mit Maizena (Stärkemehl) bestaubt werden. Bevor der Fisch in den Teig getaucht wird, sollte man ihn leicht schütteln, damit das überschüssige Maizena abfällt.

4.) Fischfilets, Gemüse oder Fleisch sollte man in den Teig hinein „schleudern", so bleibt dieser gut und vor allem in unterschiedlicher Dichte an den Nahrungsprodukten kleben.

5.) Ich empfehle Erdnussöl zum Frittieren. Es hat diesen besonderen Geschmack, der einer Speise sofort den asiatischen Touch verleiht. Und man kann es stark erhitzen, ohne dass es verbrennt. Außerdem wird es nicht so stark vom Essen aufgesogen wie Maiskern- oder Sonnenblumenöl.

6.) Tempura in einem breiten Topf frittieren oder in einer Fritteuse, damit Fisch, Gemüse oder Fleisch rundherum gleich knusprig sind.

O TEMPURA,
O MORES!

SO BEREITET MAN TEMPURATEIG VOR. SO FRITTIERT MAN IHN.

TREUE BEGLEITER

SALATE UND EINGELEGTES

DAGEGEN IST (K)EIN KRAUT GEWACHSEN!

KLEINE KUNDE RUND UMS ZUPF- UND RUPFZEUG

1.) Nicht gemahlene Gewürze sollte man gleich am Anfang der Zubereitung rösten – noch bevor die anderen Zutaten in den Topf oder in die Pfanne kommen. So bleibt ihr Aroma intensiv.

2.) Gemahlene Gewürze kocht man am besten mit den restlichen Zutaten, da sie sonst leicht verbrennen und in Folge bitter schmecken.

3.) Kräuter wie Rosmarin, Thymian, Salbei oder Oregano wirft man von Anfang an mit den nicht gemahlenen Gewürzen in einen Topf. Sie verbrennen nicht so schnell wie andere Kräuter.

4.) Petersilie, Koriander, Basilikum, Dille, Estragon oder Schnittlauch fügt man ganz am Ende einem Gericht bei – im günstigsten Fall erst dann, wenn die Speise schon angerichtet ist. Diese Kräuter haben eine sehr feine Struktur, daher verlieren sie rasch an Frische und Farbe.

5.) Kräuter bleiben länger frisch, wenn man sie in ein feuchtes Tuch hüllt und im Eisschrank aufbewahrt. Finger weg von Plastiktüten!

6.) Eine andere Methode der Frischhaltung: Man schneidet die Kräuter an ihren Enden/Stängeln nach und taucht diese 5 bis 10 Minuten lang in lauwarmes, maximal 40 °C warmes Wasser.

7.) Blätter (auch Salatblätter) werden am knackigsten gehalten, indem man sie im lauwarmen Wasser kurz badet und in einer Salatschleuder trocknet. Aufpassen, dass man nicht zu viele Blätter auf einmal schleudert, sonst werden diese verletzt. Danach legt man die Blätter auf ein feuchtes Tuch und lässt sie 30 Minuten im Kühlschrank ruhen. So werden sie wieder knackig und frisch!

KRAUT-SALAT

MIT ÄPFELN

EINKAUFSLISTE	FÜR 4 PORTIONEN
1	Krautkopf
2	Karotten
2	Granny-Smith-Äpfel
1	Zitrone
	Mayonnaise
	Senf
	weißer Essig
	Olivenöl
	Kristallzucker
	Salz
	Pfeffer

Krautkopf halbieren und zu dünnen Streifen verarbeiten. 2 Karotten und 2 Äpfel schälen und fein reiben. Zutaten in eine Salatschüssel geben, miteinander vermengen und zur Seite stellen.

2 Esslöffel Mayonnaise, 2 Esslöffel Olivenöl, 2 Esslöffel Zitronensaft, 2 Esslöffel weißen Essig, 1 Teelöffel Senf und 1 Teelöffel Zucker in ein hohes Kochgeschirr geben und so lange köcheln, bis der Zucker geschmolzen ist. Dann das Kraut beigeben und alles durchmischen.

EINKAUFSLISTE	
1 kg	Melanzani
500 g	große Tomaten
1	Pfefferoni
1 Bund	Knoblauch
2	Zitronen
	Olivenöl
1 Bund	Minze
	Salz

Melanzani und Tomaten bei 160 °C zirka 20 Minuten im Holzofen braten, bis deren Schale sich abziehen lässt. In Würfel schneiden. Pfefferoni in kleine Stückchen hacken, 2 Knoblauchzehen pressen. 7 bis 8 Esslöffel Zitronensaft sowie 2 Esslöffel Olivenöl beifügen und alles gut miteinander vermengen.

Mit Salz abschmecken und im Kühlschrank aufbewahren. Die Minzeblätter als Deko verwenden.

SPICY MELANZANI-TOMATEN-SALAT

HAYAS TIPP

Wer den Krautsalat lieber crispy mag, wählt die umgekehrte Vorgangsweise – und gibt nicht das Gemüse in den Kochtopf, sondern gießt erst kurz vor dem Anrichten die warme Sauce über die Kraut-Karottenschnipsel in der Salatschüssel.

ISRAELISCHER
SALAT

EINKAUFSLISTE	FÜR 2 PORTIONEN
2	Fleischtomaten
1	Feldgurke
1	gelber Spitzpaprika
1 Bund	Jungzwiebeln
1 Bund	Petersilie
1 Bund	frische Minze
1 Bund	Koriander
1	Zitrone
	Olivenöl
	Zatar (arabische Gewürzmischung)
	Salz
	Pfeffer

Tomaten, 1/2 Feldgurke und 1 gelben Spitzpaprika in kleine Würfel schneiden. 2 Jungzwiebeln in dünne Rädchen verarbeiten. Jeweils 1/2 Bund Petersilie und Koriander in Stückchen hacken. Minze ebenfalls zerkleinern und je nach Geschmack dazumischen.

Für die Marinade verrühre ich 1 Esslöffel Olivenöl mit dem Saft 1 Zitrone, 1 Messerspitze Zatar, etwas Salz und frisch gemahlenem schwarzen Pfeffer.

Dazu esse ich frisches Pitabrot und eine Tahina (siehe Rezept Seite 125).

An dieser Stelle verrate ich Ihnen mein tägliches Frühstücksmenü. In Israel ist es durchaus üblich, dass man schon in aller Früh Salat isst. Es ist ein herrlicher Vitaminspender, erst recht, wenn man auch noch reichlich frische Kräuter beigibt.

Ich liebe diese einfache Speise aber auch noch aus einem zweiten Grund, und der liegt bei meinem Mann, Samy.

Samy steht jeden Tag in der Früh etwas zeitiger auf als ich. Während ich noch im Bad herumtue, werkt er bereits in der Küche, schnipselt Gurken und Tomaten und bereitet für mich einen israelischen Salat zu. Ich kann hier nicht sein genaues Rezept preisgeben, der Mann hat schließlich seine Geheimnisse. Aber ich verrate Ihnen, wie ich ihn mache, wenn ich ihn bei „Neni" serviere. Wobei für mich natürlich Samys Salat unübertrefflich bleibt!

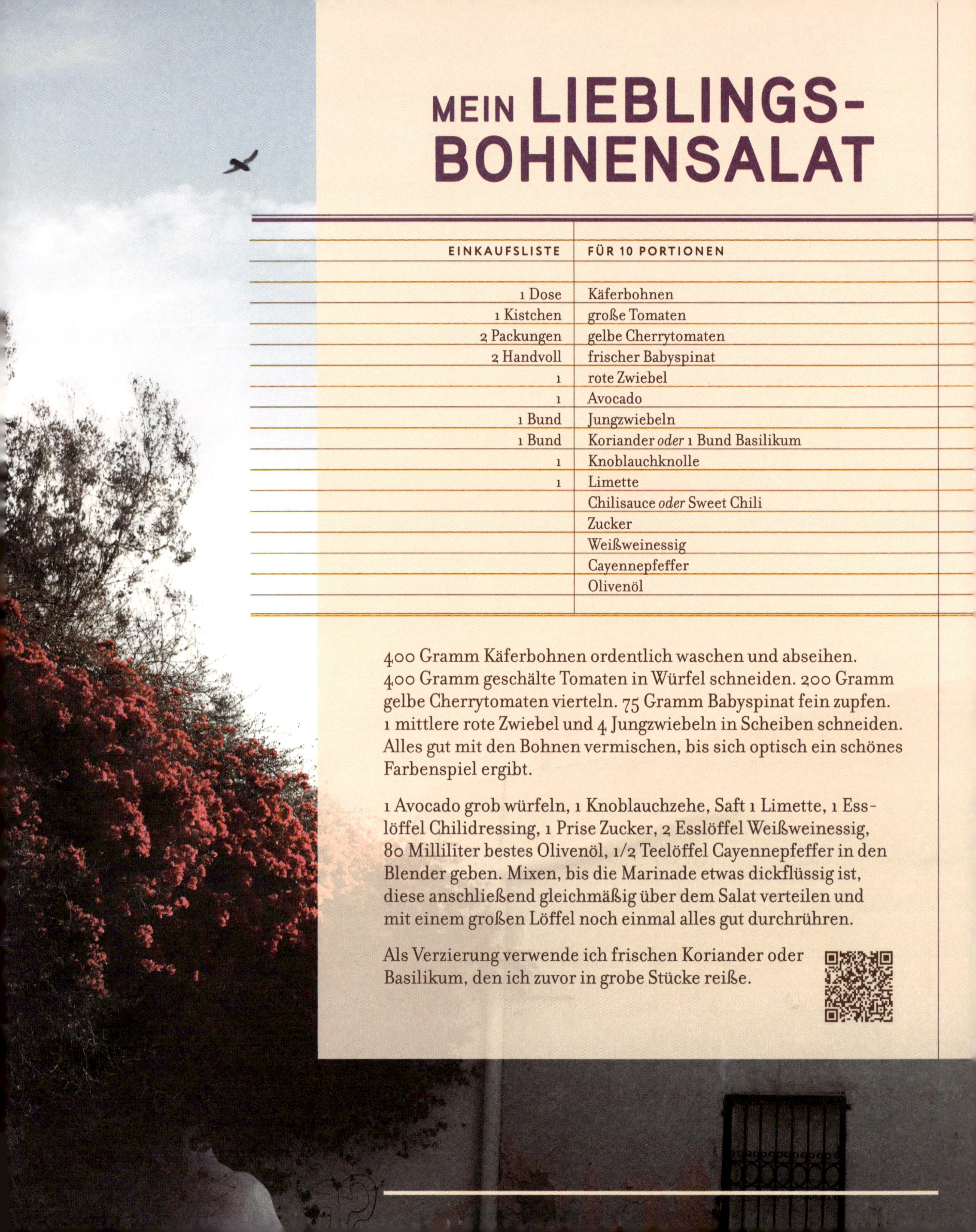

MEIN LIEBLINGS-BOHNENSALAT

EINKAUFSLISTE	FÜR 10 PORTIONEN
1 Dose	Käferbohnen
1 Kistchen	große Tomaten
2 Packungen	gelbe Cherrytomaten
2 Handvoll	frischer Babyspinat
1	rote Zwiebel
1	Avocado
1 Bund	Jungzwiebeln
1 Bund	Koriander *oder* 1 Bund Basilikum
1	Knoblauchknolle
1	Limette
	Chilisauce *oder* Sweet Chili
	Zucker
	Weißweinessig
	Cayennepfeffer
	Olivenöl

400 Gramm Käferbohnen ordentlich waschen und abseihen. 400 Gramm geschälte Tomaten in Würfel schneiden. 200 Gramm gelbe Cherrytomaten vierteln. 75 Gramm Babyspinat fein zupfen. 1 mittlere rote Zwiebel und 4 Jungzwiebeln in Scheiben schneiden. Alles gut mit den Bohnen vermischen, bis sich optisch ein schönes Farbenspiel ergibt.

1 Avocado grob würfeln, 1 Knoblauchzehe, Saft 1 Limette, 1 Esslöffel Chilidressing, 1 Prise Zucker, 2 Esslöffel Weißweinessig, 80 Milliliter bestes Olivenöl, 1/2 Teelöffel Cayennepfeffer in den Blender geben. Mixen, bis die Marinade etwas dickflüssig ist, diese anschließend gleichmäßig über dem Salat verteilen und mit einem großen Löffel noch einmal alles gut durchrühren.

Als Verzierung verwende ich frischen Koriander oder Basilikum, den ich zuvor in grobe Stücke reiße.

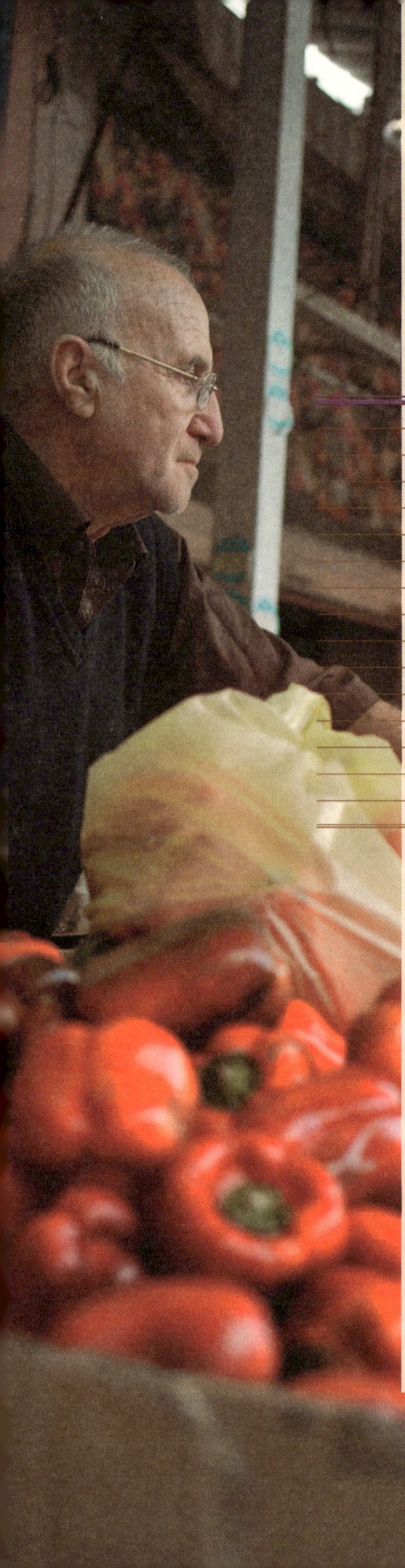

AUGEN-BOHNENSALAT

IN EINER KREUZKÜMMEL-LIMETTEN-VINAIGRETTE

EINKAUFSLISTE	FÜR 4 PORTIONEN
1 Dose/Packung	Augenbohnen (450 g Nettogewicht)
2	rote Paprika
1	gelber Paprika
1	grüner Paprika
1	weißer Zwiebel
1 Bund	Koriander
	Olivenöl
	roter Weinessig
	Honig
	Kreuzkümmel
	Cayennepfeffer
	Salz

Bohnen in ein Sieb leeren und waschen. Falls die Bohnen trocken gekauft werden, muss man sie über Nacht in kaltem Wasser einweichen. Am nächsten Tag nochmals gut abspülen und zirka 30 Minuten kochen, bis sie innen weich sind. Danach abseihen und auskühlen lassen.

Paprika in kleine Würfel schneiden – ebenso 1/2 weißen Zwiebel. Alles in eine Salatschüssel geben und zur Seite stellen.

Die Vinaigrette wird wie folgt zusammengemischt: 3 Esslöffel Olivenöl, 2 Esslöffel Weinessig, 1/2 Teelöffel Honig, 1 Teelöffel Kreuzkümmel, 3/4 Teelöffel Salz, 1 Teelöffel-Spitze Cayennepfeffer fest miteinander verquirlen. Fertige Vinaigrette über Bohnen, Paprika und Zwiebel gießen und durchmischen.

Den frischen Koriander zupfen und grob zerhacken. Er wird als Deko über den Salat gestreut.

ZERDRÜCKTER KICHERERBSEN-SALAT

EINKAUFSLISTE	FÜR 3–4 PORTIONEN
1 Glas *oder* 1 mittlere Dose	Kichererbsen
	Kalamata-Oliven
1	rote Zwiebel
1	Zitrone, unbehandelt
1	eingelegte Zitrone (siehe Rezept Seite 68)
1 Bund	Petersilie *oder* 1 Bund Koriander
1	rote Chilischote
	Olivenöl
	Salz
	Pfeffer
Eventuell (siehe Tipp):	
1 Glas	eingelegter roter Paprika (Peperoncino)

Kichererbsen in ein Sieb leeren, auswaschen und anschließend in eine flache Schüssel geben. Saft 1/2 Zitrone und etwas Olivenöl darüber gießen und die Kichererbsen mit einer Gabel grob zerdrücken.

2 Esslöffel Kalamata-Oliven in sehr dünne Streifen schneiden, 1 eingelegte Zitrone klein würfeln, roten Zwiebel fein zerhacken und Petersilie/Koriander fein zerkleinern. Chilischote entkernen, in kleine Rädchen schneiden, die nochmals halbiert oder geviertelt werden. All das in den Kichererbsenaufstrich einrühren, die Zeste 1/2 Zitrone beigeben und mit Salz und frisch gemahlenem Pfeffer abschmecken.

HAYAS TIPP

Ich liebe diesen Kichererbsenaufstrich auf getoastetem Brot. Und zwar in folgender Komposition: Erst schmiere ich etwas Tahina aufs Brot, dann gebe ich die Kichererbsen darauf und verziere das Ganze mit eingelegtem rotem Paprika (Peperoncino). Den Peperoncino kann man aber auch schon vorher in kleine Stückchen schneiden und in die Masse direkt einarbeiten. Und jetzt: Bete Avon! Was auf Hebräisch so viel wie „Guten Appetit!" heißt.

NENIS
CAPRESE

EINKAUFSLISTE	FÜR 4 PORTIONEN
2 Packungen	Büffelmozzarella
3	reife Tomaten
1 Dose	weiße Bohnen
1 Dose	Basilikum-Pesto
1 Bund	frisches Basilikum
	Brotwürfel
	Olivenöl
	Rotweinessig
	Salz
	Pfeffer

Tomaten blanchieren, schälen und in Würfel schneiden. Mozzarella würfeln. Bohnen in ein Sieb leeren und waschen. Alles in einer Salatschüssel mischen.

3 Esslöffel Olivenöl, 1 Esslöffel Rotweinessig und 1 Esslöffel Basilikum-Pesto verquirlen und über die Mozzarella-Tomaten-Bohnen-Mischung gießen. Je nach Geschmack salzen sowie pfeffern und dann mit einem großen Holzlöffel die Caprese heben und wenden, aber bitte vorsichtig – da sonst die Tomaten- und Mozzarella-Würfel zerstört werden.

HAYAS TIPP

Sobald alles vom Geschmack der Marinade umhüllt ist, streue ich als i-Tüpfelchen getoastete Brotwürfel über den Salat und verziere ihn mit frischen, grob zerteilten Basilikumblättern.

Besonders würzig schmeckt die Caprese, wenn man die Würfel nicht fertig kauft – da sind sie nämlich aus Weißbrot –, sondern Schwarzbrot verwendet, das man selbst in Stückchen schneidet und in Butter kurz röstet, bis diese braun und knusprig sind.

BULGUR

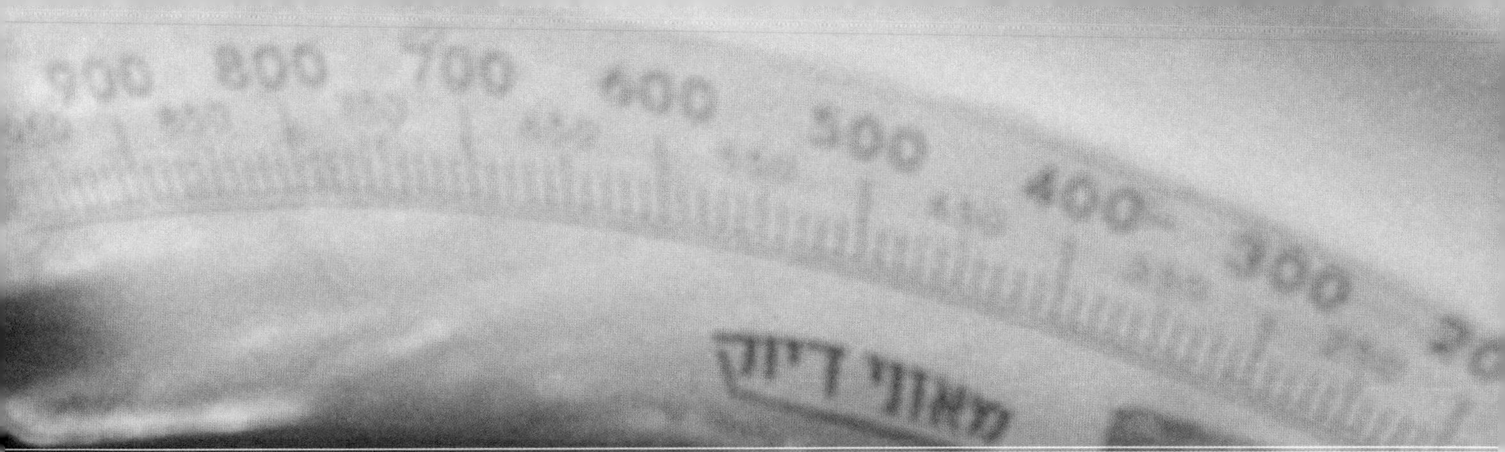

So wie andere stets ein paar Packungen Nudeln daheim haben, gibt es bei mir immer Bulgur.

Bulgur ist köstlich und gesund. Er besteht aus gekochtem Hartweizen, der anschließend getrocknet und dann gemahlen wurde. Er schmeckt ein bisschen nussig.

Man findet Bulgur hauptsächlich in der türkischen, indischen und mediterranen Küche sowie der Küche des Mittleren Ostens. Dort zählt das Getreide schon seit Jahrhunderten zu den Grundnahrungsmitteln, ähnlich wie Couscous in Nordafrika.

Bulgur gibt es in drei verschiedenen Stärken – grob, mittel und fein wie Mehl. Grober Bulgur ist gesünder als der feine, weil er mehr Proteine und Mineralien enthält, aber auch der ganz feine Bulgur ist äußerst nahrhaft.

Wie verarbeitet man Bulgur? Man weicht ihn in lauwarmem Wasser (Verhältnis 1:1) 30 bis 60 Minuten auf. Dieser Schritt ist deshalb sehr wichtig, weil Bulgur, bevor er weiterverarbeitet wird, Feuchtigkeit aufnehmen muss. Tut er das nicht, besteht die Gefahr, dass er im späteren Stadium die Feuchtigkeit im Gericht absorbiert und damit der gesamten Speise geschmacklich schadet.

BULGUR

MIT KALAMATA-OLIVEN, PAPRIKA VOM HOLZOFENGRILL, CHERRYTOMATEN UND SCHAFSKÄSE

EINKAUFSLISTE	FÜR 4 PORTIONEN
1 Packung	Bulgur
1 Glas	Kalamata-Oliven
2	rote Zwiebeln
1	Knoblauchknolle
3	eingelegte Zitronen
250 g	Cherrytomaten
2	rote Paprika
1 Bund	Basilikum
1 Bund	Petersilie
1 Bund	Dille
1	Pfefferoni
150 g	Feta-Käse
	Balsamico
	Olivenöl
	Salz

1/4-Liter-Glas groben Bulgur mit lauwarmem Wasser abdecken und 1 Stunde lang ruhen lassen.

In dieser Zeit die beiden Paprika am Holzofengrill oder direkt über dem Gasherd präparieren.

Beim Gasherd-Verfahren muss man den Paprika über der offenen Flamme so lange anbrennen, bis seine Schale rundherum schwarz ist. Danach bestreut man ihn mit etwas Salz und gibt ihn in einen Plastikbeutel, den man gut zubindet. 5 Minuten schwitzen lassen, anschließend lässt sich die Schale ganz leicht abziehen.

Der inzwischen aufgequollene Bulgur wird abgeseiht und kommt in eine Schüssel. Nun werden alle Zutaten wie folgt beigefügt – ausgenommen die Kräuter und der Feta-Käse.

Also: 1 Glas Kalamata-Oliven grob hacken, ebenso 1/2 grünen Pfefferoni, wenn man es spicy mag. 2 Knoblauchzehen und 3 eingelegte Zitronen fein schneiden, 2 rote Zwiebeln in feine Ringe verarbeiten, 250 Gramm Cherrytomaten halbieren, 2 rote Paprika, aus dem Holzofengrill, schälen und in Würfel schneiden. 5 Esslöffel Olivenöl sowie 2 bis 3 Esslöffel Zitronensaft oder Balsamico – je nach Geschmack – einrühren.

Erst am Ende vorsichtig den gewürfelten Schafskäse dazumischen. So bleibt er in seiner Konsistenz schön erhalten und zerbröselt nicht. Noch einmal alles abschmecken und eventuell nachsalzen. Zum Schluss streue ich die frischen Kräuter – bestehend aus 1 Bund Basilikum, 1/2 Bund Petersilie und 1/2 Bund Dille – grob gehackt – als Dekoration über das Gericht.

EINGELEGTES KRAUT

EINKAUFSLISTE	
1	weißer Krautkopf
1	Bund Dille
1	Knoblauchknolle
1	Pfefferoni
	Apfelessig
	Salz

Den Krautkopf vierteln. 8 Knoblauchzehen schälen und in dünne Scheiben schneiden. 1/2 Pfefferoni in kleine Rädchen zerteilen. Dillzweige pflücken und in eine Schüssel legen.

2 Liter Wasser mit 70 Gramm Salz aufkochen und 20 Minuten abkühlen lassen. 60 Milliliter Apfelessig beigeben.

In der Zwischenzeit nimmt man Einmachgläser und füllt sie mit dem Kraut, den Knoblauchscheiben, Pfefferonistücken und Dillspitzen an. Flüssigkeit darüber gießen, bis das Kraut gut abgedeckt ist. Anschließend die Rexgläser gut verschließen.

Behälter an einen warmen Ort stellen (zum Beispiel an ein besonntes Fenster). Einmal täglich drehe ich das Einmachglas in alle Richtungen, damit sich der Saft gut verteilt. Nach 1 Woche müsste das Kraut die richtige Konsistenz erreicht haben. Ich stelle es in den Kühlschrank. Fast jedes Mal, wenn ich diesen öffne, drehe ich das Einmachglas, damit der Saft sich besser verteilt. Nach 1 Woche müsste es fertig sein. Im Kühlschrank hält es danach 3 bis 4 Monate.

EINGELEGTER FENCHEL

MIT REISESSIG UND ORANGENSAFT

EINKAUFSLISTE	
2 Knollen	Fenchel
1	Knoblauchknolle
1 kleine Flasche	frisch gepresster Orangensaft
	Reisessig
1 Packung	brauner Zucker
	Salz

Den Fenchel mit einer Mandoline in dünne Scheiben raspeln, blanchieren und dann im Eiswasser abschrecken. Wasser, Salz sowie 2 klein geschnittene Knoblauchzehen zum Kochen bringen und über den Fenchel gießen. 1/2 Liter Reisessig, 1/4 Liter Orangensaft, 20 Gramm Salz und 30 Gramm braunen Zucker vermengen. Alles in ein Einmachglas geben und 1 Woche lang an einem hellen Platz lagern. Den eingelegten Fenchel danach weiter im Kühlschrank aufbewahren.

HAYAS TIPP

Der Orangensaft harmoniert ganz besonders mit dem Fenchel. Andere Gemüsesorten verlangen auch nach anderen Gewürzen und Aromen. Es gibt jedoch eine Grundregel, die bei jedem Grünzeug anzuwenden ist: Pro Liter aufgekochtem Wasser 20 Gramm Salz beigeben. Der Rest bleibt wie gehabt: Die eingelegte Kost 1 Woche an einem hellen, nicht allzu warmen Platz abstellen und danach in den Frigidaire verbannen.

HAYAS TIPP

Das Gleiche mache ich auch mit kleinen Gurken, grünen Tomaten oder mit der Schale von Wassermelonen, die ich zuvor in kleine Stücke teile. Auch Karotten eignen sich sehr gut, da füge ich ins Wasser noch 1 Teelöffel Kurkuma hinzu.

Ich serviere eingelegtes Gemüse am liebsten in Kombination mit anderem Gemüse oder zu Fleisch.

EINGELEGTES KRAUT

EINGELEGTER FENCHEL

EINGELEGTE GURKEN

EINKAUFSLISTE	FÜR 1 1/2 REX-GLÄSER
1	Salatgurke
1	Schalotte
1	rote Chilischote
	weißer Essig
	brauner Zucker
	Salz

Gurke waschen und halbieren. Die innere Kernschicht herausschälen, anschließend die Gurke in kleine Würfel schneiden. Schalotte zu dünnen Ringen verarbeiten. Chilischote klein zerhacken.

In einem Topf 75 Milliliter Wasser mit 2 Teelöffeln Zucker zum Kochen bringen. Sobald der Zucker geschmolzen ist, nimmt man das Wasser vom Feuer. 2 1/2 Esslöffel weißen Essig, 1/2 Teelöffel zerhackten Chili und 1 glatt gestrichenen Teelöffel Salz in den Sud geben.

Gurken und Schalotten-Ringe in ein Rexglas geben und mit dem Zuckerwasser übergießen. Sobald alles abgekühlt ist, verschließt man das Glas und stellt es für mindestens 1 Stunde in den Kühlschrank.

EINGELEGTE PAPRIKA

MIT OLIVENÖL, KNOBLAUCH UND BALSAMICO

EINKAUFSLISTE	
4	rote Paprika
1 Bund	Knoblauch
1	Zitrone, unbehandelt
1 Packung/Dose	Pinienkerne
1 Bund	Basilikum
	Olivenöl
	Balsamico
	Zucker
	Salz
	Pfeffer

Paprika im Holzofengrill oder über dem Gasherd anbrennen, bis die Haut schwarz ist. Danach die Schale mit etwas Salz bestreuen und den Paprika gut in einem Plastikbeutel verpacken. 5 Minuten schwitzen lassen, anschließend lässt sich die Schale ganz leicht abziehen.

Den geschälten Paprika vierteln und mit folgender Marinade bestreichen: 3 Esslöffel Olivenöl mit 1 Esslöffel Balsamico verrühren. 1 klein geschnittene Knoblauchzehe, 50 Gramm geröstete Pinienkerne und die Zeste 1 unbehandelten Zitrone dazumischen. Mit etwas Zucker, Salz und Pfeffer abschmecken.

Am Ende 1/2 Bund Basilikum grob zupfen und über die marinierten Paprika schön gleichmäßig verteilen.

EINGELEGTE ZITRONEN

EINKAUFSLISTE	FÜR 3 REX-GLÄSER À 250 ML
2 kg	Zitronen, unbehandelt
	grobkörniges Salz
5	rote Chilischoten
1 Packung	Sternanis
1 Packung	Koriandersamen
	Olivenöl

1 Kilo Zitronen waschen und kreuzförmig einschneiden. In die Mitte jeder Zitrone 1 Prise grobkörniges Salz hineindrücken und diese dann in Rexgläser dicht nebeneinander schlichten. Chilischoten in Rädchen schneiden und darüber streuen. Jeweils 1 Sternanis und 6 bis 7 Koriandersamen beigeben.

Gläser verschließen und für 4 Tage stehen lassen, damit die Zitronen ordentlich Saft lassen. Am 5. Tag 1 Glas Zitronensaft (1/4 Liter) auf die 3 Rex-Behälter aufteilen und anschließend mit Olivenöl anfüllen, sodass die Früchte gut abgedeckt sind.

Nach zirka 4 Wochen haben die eingelegten Zitronen den richtigen Status erreicht. Sie lassen sich dieserart bis zu 3 Monate lang im Kühlschrank aufbewahren.

HAYAS TIPP

Hier handelt es sich um eines meiner Basisrezepte. Ich verwende eingelegte Zitronen sehr häufig für Salate, Gemüsegerichte, Dips oder als Begleiter für Grillhuhn oder -fisch. Nachdem Zitronen in der mediterranen Küche einen ganz prominenten Platz einnehmen, habe ich immer welche zu Hause. Manchmal ganz frische, ansonsten aber eingelegte. Alle paar Monate kaufe ich mehr Zitronen, als ich aktuell brauche, um sie einzurexen. Auf diese Art habe ich immer welche griffbereit.

MEINE GELIEBTE OMA

Spätestens an dieser Stelle werden Sie merken, dass ich ein Faible für Eingelegtes habe. Das rührt wahrscheinlich daher, dass meine geliebte Oma uns Kinder mit den herrlichsten Gemüsesorten verwöhnt hat. Sie war ja rumänischer Abstammung, und in ihrer Heimat war es gang und gäbe, für die harte Zeit des Winters vorzusorgen und nach der Ernte im Spätsommer und Herbst möglichst viel vitaminreiche Kost in Einmachgläsern zu konservieren.

Die Nöte und das Vorsorgedenken der damaligen Generation kennen wir heute in der westlichen Welt nicht mehr, aber ich setze diese Kultur meiner Oma gerne fort. Erstens schmeckt das Gemüse wirklich am intensivsten, wenn man es zu seiner natürlichen Erntezeit kauft und verarbeitet. Zweitens bekommt es durchs Einlegen eine bestimmte Geschmacksnote, die eben nur durch diese Technik erreicht werden kann.

Wenn ich abends eingeladen bin, bringe ich oft als Geschenk mein eingelegtes Gemüse anstelle von Blumen mit. Die Gastgeber freut das sehr, weil es ein persönlich hergestelltes Geschenk und daher auch immer eine Überraschung ist.

GLUT TUT GUT

ALLES GRILLEN!

1.) Will man die Holzkohle rascher zum Glühen bringen, gilt folgender Beschleunigungsprozess: Einige Streifen Küchenrolle in Kochöl tunken und unter die Holzkohle legen. Das Öl verlangsamt nämlich das Brennen des Papiers. Dadurch lodert die Flamme konstanter, was wiederum die Holzkohle länger im Feuer lässt.

2.) Bevor man die Küchenrollenblätter anzündet, sollte man die Kohle wie einen kleinen Hügel schlichten. Das Papier muss an mehreren Stellen wie ein Docht herausragen. Sobald dieses „Kunstwerk" steht, kann man die Küchenrollenblätter anzünden.

3.) Erst wenn die Hälfte der Kohle ordentlich glüht, kann man sie gesamt über die Grillfläche verteilen. Der Luftraum zwischen Kohle und Grillgitter sollte lediglich 2 bis 3 Zentimeter betragen.

4.) Wenn die Kohle ihre Farbe von Rot auf Weiß ändert, kann mit dem Grillen begonnen werden.

5.) Das ideale Gitter ist aus schwerem Eisen mit breiten Zwischenstangen. Es gibt eine gleichmäßige Wärme ab und es entstehen schönere Streifen als bei den Standardgittern, die wesentlich dünner sind.

6.) Damit das Fleisch nicht kleben bleibt, muss man das Gitter mit einer Zwiebelhälfte, die man in Öl getunkt hat, oder mit einer hitzebeständigen Bürste gut abreiben.

7.) Das Grillgitter säubert man am besten, solange es noch heiß ist – mit einer Drahtbürste. Wenn es wieder abgekühlt ist, verwendet man besser Papier, da die Oberfläche sonst zerkratzt wird und es mit der Zeit zu Rostbildung kommt.

NENIS
GRILLOSOPHIE

WAS MAN FÜR DEN MARSCH ÜBER GLÜHENDE KOHLEN WISSEN SOLLTE.

GEGRILLTE FENCHEL-ZITRONEN MIT THYMIAN

EINKAUFSLISTE	FÜR 5 PORTIONEN
3	Fenchelknollen
1	Knoblauchknolle
2	Zitronen, unbehandelt
1 Bund	Thymian
	Olivenöl

Fenchel vierteln und den ganzen Knoblauch samt der Schale halbieren. Die Zitronen ebenfalls vierteln. Alles auf einem Blech drapieren, mit 3 Esslöffeln Olivenöl übergießen und mit den Thymianzweigen das Gemüse leicht abdecken. Blech bei 200 °C in den Ofen schieben und alles 10 Minuten brutzeln lassen, bis es eine schöne goldene Farbe annimmt.

HAYAS TIPP

Das Gericht eignet sich auch im Sommer als Grill-Vorspeise oder Grill-Beilage. Man legt Fenchel und Zitronen aufs Gitter, bis beides auf allen Seiten eine schöne Farbe annimmt. Passt herrlich zu Fisch!

GEGRILLTER KÜRBIS MIT EINER DATTELSIRUP-VINAIGRETTE

EINKAUFSLISTE	
1	Hokkaidokürbis
1 Packung	Pekannüsse
1 Schachtel	getrocknete Datteln
1 Bund	Basilikum
1 Packung	getrockneter Thymian
	Honig
	Rotweinessig
	Balsamico
	Olivenöl
	Salz
	Pfeffer

Den Kürbis in Schnitten schneiden und auf einer geölten Grillplatte auf allen Seiten grillen, bis er bräunlich und weich wird.

Dann folgende Marinade anrühren: 50 Milliliter Rotweinessig, 50 Milliliter Balsamico, ein Löffel Honig, 400 Milliliter Olivenöl, 3 getrocknete, in kleine Stückchen geschnittene Datteln, 50 Gramm zerhackte Pekannüsse, 1 Löffel getrockneter Thymian und 5 Blatt fein geschnittenes Basilikum. Alles gut durchmischen und mit etwas Salz und Pfeffer abschmecken.

Danach die Marinade über die heißen Kürbisstücke gießen.

HAYAS TIPP

Diese Marinade schmeckt auch wunderbar zu Spinat, Kochsalat, Radieschen oder Avocados. Man kann sie sogar als leichtes Dessert reichen, indem man sie über Orangenfilets gießt. Schlägt sich nicht aufs Gewicht und schmeckt phantastisch!

GEGRILLTER KÜRBIS
MIT EINER DATTELSIRUP-
VINAIGRETTE

GEGRILLTE
FENCHEL-ZITRONEN
MIT THYMIAN

WARUM HÜHNERGERICHTE SO BELIEBT SIND

Schon seit jeher halten sich Bauern auf ihren Höfen Hühner. Auch in kargen Zeiten ist dieses äußerst genügsame Federvieh leichter zu züchten als andere Tiere. Im Mittleren Osten essen die Menschen ausgelöstes Hühnerfleisch. Das hängt damit zusammen, dass das Fleisch dort vor allem gegrillt wird und die Teile mit dunklem Fleisch saftiger sind als die Filets aus weißem Fleisch.

Auch für Spieße eignen sich die ausgelösten Teile besser als das Brustfleisch. Wichtig ist das Beibehalten der Haut. Einerseits verhindert sie, dass der Saft abrinnt. Andererseits ist sie durch ihren Fettgehalt ein guter Geschmacksverstärker. Ein weiterer Vorteil: Haut saugt Gewürze besser auf als weißes Fleisch.

HÜHNERKEULEN

MIT **ORANGEN** UND **BIER**

EINKAUFSLISTE	FÜR 6 PORTIONEN
4	Orangen
2	Zitronen
1 große Dose/Flasche	Bier
6	Hühnerkeulen
	süßer Paprika
	Oregano
	Salz

Marinade für die Hühnerkeulen: Saft von 3 Orangen, Saft von 2 Zitronen, 300 Milliliter Bier, 1 Teelöffel Salz, 1 Teelöffel süßer Paprika, 1 Teelöffel Oregano miteinander verrühren. 1/3 der Marinade über die rohen Hühnerkeulen gießen und für 1 Stunde in den Kühlschrank stellen.

Ofen auf 180 °C erhitzen und Hühnerkeulen samt der Marinade 20 Minuten brutzeln lassen. Dann den Rest des Bier-Orangen-Saftes darüber gießen und weitere 40 Minuten im Rohr lassen, bis dieser eindickt und die Hühnerkeulen Farbe bekommen. Für die letzten 10 Minuten Filets der verbliebenen Orange mitbraten lassen.

HAYAS TIPP

Man sollte Fleisch, das man grillen oder braten möchte, nie erst im allerletzten Moment aus dem Kühlschrank nehmen. Am besten rastet es 15 bis 20 Minuten bei Zimmertemperatur, bevor es in die Pfanne oder auf den Rost kommt. So entfaltet es schön seine Geschmacksnote.

AUSGELÖSTES HÜHNERFILET

MIT ARAK (OUZO) UND KRÄUTERMISCHUNG

EINKAUFSLISTE	FÜR 12 PORTIONEN
12	ausgelöste Hühnerfilets
1 Bund	Koriander
1 Bund	Petersilie
	frische Thymianzweige
1	Knoblauchknolle
1	scharfer Pfefferoni
	Arat (Ouzo)
	Olivenöl
	brauner Zucker
	Salz
	Pfeffer

1/4 Liter Olivenöl, 1/4 Liter Ouzo in den Blender gießen.

1/2 Bund gezupfte Petersilie, 1/2 Bund gezupften Koriander, die Blätter von 5 Thymianzweigen, 4 geschälte Knoblauchzehen, 1/2 scharfe, grob zerteilte Pfefferoni sowie 1 Teelöffel Zucker beigeben und miteinander vermischen. Mit Salz und Pfeffer abschmecken.

Hühnerfilets mit der Marinade übergießen und für mindestens 2, maximal 10 Stunden in den Kühlschrank stellen.

Filets auf dem Griller oder im Josper-Ofen 4 bis 6 Minuten auf jeder Seite braten.

HAYAS TIPP

Ich serviere zum Huhn Mejadera. Oder bereite rasch einen Salat aus Cherrytomaten, frischer Minze, Olivenöl und etwas Zitronensaft zu.

Ich würde Ihnen raten, den Fleischhauer zu bitten, dass er die Hühner im Vorfeld auslöst. So ersparen Sie sich die Futzelei. Oder Sie besuchen mein Restaurant „Neni im Zweiten", wo wir dieses Gericht als Dauerbrenner auf unserer Karte führen. Dann können Sie immer noch entscheiden, ob Sie es nachkochen wollen oder nicht!

HÜHNER-SATAY

MIT ERDNUSSBUTTER-SAUCE

EINKAUFSLISTE	HÜHNER-SATAY FÜR 4–6 PORTIONEN
500 g	Hühnerbruststreifen
	Dattelsirup
	Sonnenblumen- oder Maiskernöl
	Sojasauce
	Zimt
	Kreuzkümmel, gemahlen
	Kurkuma, gemahlen
	brauner Zucker *oder* Dattelsirup
	schwarzer Pfeffer aus der Mühle

EINKAUFSLISTE	ERDNUSSBUTTER-SAUCE
125 g	geröstete Erdnüsse
1 Packung	Kokosmilch
	rote Currypaste (in jedem Asia-Shop erhältlich)
	Sonnenblumen- *oder* Maiskernöl
	brauner Zucker

Für die Hühnerfleisch-Marinade mischt man 150 Milliliter Öl, 100 Milliliter Sojasauce, 2 Teelöffel braunen Zucker (oder 2 Esslöffel Dattelsirup), 1 Teelöffel Zimt, 1 Teelöffel Kreuzkümmel, 1 Teelöffel Kurkuma und 1 Teelöffel frischen schwarzen Pfeffer zusammen. Hühnerfleisch darin einlegen und über Nacht im Kühlschrank ruhen lassen.

Die Erdnussbutter-Sauce wird folgendermaßen zubereitet: 1 Esslöffel Öl und 2 Esslöffel rote Currypaste zirka 30 Sekunden in einer Pfanne braten. Dann 3 Esslöffel Kokosmilch, 1/8 Liter Wasser, 3 Teelöffel braunen Zucker und 125 Gramm stark zerkleinerte Erdnüsse beigeben. Nach 10 bis 15 Minuten dickt die Sauce etwas ein und ist fertig.

Erst kurz vor dem Grillen wird das Fleisch auf die Spieße geschoben und auf jeder Seite 4 bis 5 Minuten gegrillt. Die Erdnussbutter-Sauce stelle ich in einer Schüssel auf den Tisch, damit sich jeder nimmt, so viel er braucht. Zu den Spießen serviere ich eingelegte Gurken (siehe Rezept Seite 66).

Satay oder auch Saté stammt ursprünglich aus Indonesien und bedeutet übersetzt so viel wie „Fleisch, das auf Bambusspießchen über dem Feuer gegrillt wird". Es gibt auch eine japanische Variante davon, die sich „Yakitori" nennt.

Meist wird für diese Speise stark mariniertes Fleisch verwendet, in Küstennähe bereitet man sie mit marinierten Shrimps zu. Dazu serviert man würzige Erdnuss-Sauce und gedämpften Reis.

Nach Europa gekommen sind die Satay-Spießchen ursprünglich über die niederländische Küche, was auf die Zeiten der Kolonialisierung zurückgeht. Richtig in Umlauf gebracht wurden sie bei uns erst durch die Chinarestaurants, die sich ab den siebziger Jahren überall zahlreich niederließen.

Noch ein wichtiger Tipp zu diesem Rezept: Bevor man die Holzspieße verwendet, sollte man sie ein paar Minuten in lauwarmes Wasser legen, damit sie später über der Glut nicht Feuer fangen.

HÜHNERFLÜGEL

IN DATTELSIRUP, SOJASAUCE UND CHILI

EINKAUFSLISTE	FÜR 6–8 PORTIONEN
2 kg	Hühnerflügel
2	Zwiebeln
2	Chilischoten
1	Knoblauchknolle
1 Glas	Hühnerfond *oder* 1 Packung Hühnersuppenwürfel
	Dattelsirup
	Weißweinessig
	Sojasauce
	Olivenöl

Zwiebeln klein schneiden und in Öl braten, bis sie goldfarben werden. Vom Herd nehmen, auskühlen lassen, bis diese lauwarm sind, und anschließend in den Cutter geben. Die weiteren Zutaten beifügen: 2 zerkleinerte Chilischoten, 5 gepresste Knoblauchzehen, 4 Esslöffel Sojasauce, 2 Esslöffel Dattelsirup, 2 Esslöffel Weißweinessig, 1/4 Liter Hühnerfond, 1/4 Liter Olivenöl. Dies alles im Cutter gut miteinander vermischen.

Hühnerflügel für mindestens 24 Stunden einlegen. Am nächsten Tag auf dem Griller oder im Rohr bei 180 °C zirka 30 Minuten braten.

HAYAS TIPP

Ich stelle meist gleich größere Mengen von der Marinade her, da sie sich auch gut zum Einfrieren eignet. Dazu serviere ich Basmatireis oder einfach nur Brot, da der Geschmack der Hühnerflügel intensiv ist.

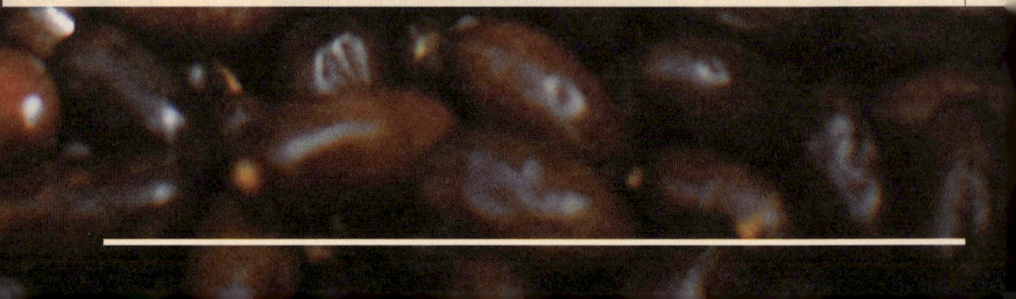

HÜHNERFLÜGEL

IN SOJASAUCE UND MAROKKANISCHEM PAPRIKAPULVER

EINKAUFSLISTE	FÜR 6–8 PORTIONEN
2 kg	Hühnerflügel
1 Glas	Knoblauch-Confit
	Thymianzweige
	süßer Paprika
	scharfes Paprikapulver
	Tabasco
	Sweet Chilisauce
	Sojasauce
	Maiskern- *oder* Sonnenblumenöl

6 bis 7 Thymianzweige entblättern. Die zarten Thymianblätter zerhacken.

In einer Schüssel folgende Zutaten mischen: 1/8 Liter Sonnenblumenöl, 1/8 Liter Sojasauce, 1/16 Liter Sweet Chilisauce, 1 Teelöffel Tabasco, 1 Esslöffel Knoblauch-Confit, 4 Teelöffel süßen Paprika und 1 Teelöffel scharfen Paprika.

In die abgeschmeckte Marinade (Vorsicht scharf!) die Thymianblätter einrühren. Anschließend die Hühnerflügel für 24 Stunden einlegen.

Am nächsten Tag zirka 30 Minuten auf dem Griller oder im Rohr bei 180 °C braten.

HAYAS TIPP

Bei scharfem Paprikapulver ist zu beachten: Je heller es ist, desto mehr Schärfe hat es, denn der Grad der Helligkeit zeigt, wie viele Kerne – in denen ja bekanntlich die hitzige Würze liegt – mitgemahlen wurden. Marokkanisches Paprikapulver ist etwas „aggressiver" als das herkömmliche scharfe Paprikapulver.

MAISHUHN

IN EINER GETROCKNETEN TOMATEN-BALSAMICO-MARINADE

EINKAUFSLISTE	FÜR 5 PORTIONEN
1,3 kg	Hühnerschenkel, ausgelöst
	getrocknete Tomaten
	getrocknete Tomatenpaste *oder* Tomatenmark
	Basilikumblätter
1	Knoblauchknolle
	Balsamico
	Olivenöl
	brauner Zucker
	grobes Salz
	Pfeffer, grob gemahlen

1/8 Liter Balsamico, 1/4 Liter Olivenöl, 3 Teelöffel braunen Zucker, 2 Esslöffel zerkleinerte getrocknete Tomaten, 2 Esslöffel Tomatenpaste, 3 Esslöffel zerkleinerte Basilikumblätter und 1 gepresste Knoblauchzehe gut miteinander vermengen. Marinade mit Salz und Pfeffer abschmecken.

Fleisch in die Sauce legen, abdecken und 12 Stunden im Kühlschrank ruhen lassen.

Rohr auf 190 °C erwärmen. Die Hühnerschenkel direkt aus dem Kühlschrank für 45 Minuten in den Ofen schieben.

HAYAS TIPP

Ich serviere zum Maishuhn Püree, das ich mit angebratenen Jungzwiebeln dekoriere. Über das Fleisch streue ich grob gezupfte frische Kräuter.

FLEISCH IN FORM

SO **TAUEN** SIE ES AUF. SO BEWAHREN SIE ES **FRISCH.** SO MERKEN SIE, WANN ES **AM PUNKT IST.**

1.) Grundsätzlich ist es ratsam, immer frisches Fleisch zu kaufen. Aber die Erfahrung zeigt: Beim Grillen hat offenbar der Jäger und Sammler in uns das Kommando, deshalb kaufen wir meist zu viel ein. Also muss eingefroren werden.

2.) Dabei ist es wichtig zu wissen: Je magerer das Fleisch ist, desto besser eignet es sich für die Lagerung im Gefrierfach. Fettränder daher entfernen, denn Fett wird schneller schlecht als andere Fleischbestandteile. So wird auch die Haltbarkeit des Gefriergutes erhöht.

3.) Auch das Auftauen ist eine eigene Wissenschaft. Geht man es ordentlich an, muss man 1 bis 2 Tage einplanen, bis das Fleisch einsatzfähig ist. Wichtig ist, dass es keine Flüssigkeit verliert. Wie geht man am besten vor? Das gefrorene Fleisch auf einen Teller legen und mit einer Folie locker zugedeckt ins mittlere Fach im Kühlschrank schieben.

4.) Was man auf jeden Fall beim Auftauen bedenken sollte: Fleisch verliert Blut. Ist der Teller zu klein, könnte die Ablagefläche verschmutzt werden. Er sollte daher eine gewisse Tiefe haben, wie dies bei einem Suppenteller oder bei einer Schüssel der Fall ist.

5.) Check und Re-Check: Nach 1 bis 2 Tagen das Fleisch, das im Kühlschrank liegt, mit dem Daumen leicht andrücken. Wenn es sich von der Struktur her elastisch anfühlt, ist alles perfekt gelaufen.

6.) Wie stellt man fest, ob ein Steak „medium", „rare" oder „well done" ist? Man sollte nie das Fleisch mit einem Messer „verletzen", da es sonst zu viel Saft verliert. Besser, man prüft auch das gegrillte/gebratene Fleisch mittels Fingerdruck. Gibt es leicht nach, ist es „rare". Fühlt es sich etwas fester an, ist es „medium". Bei „well done" bleibt es richtig kernig.

7.) Grillt man das Fleisch auf einem Holzkohlengrill, sollte kein Fett auf die Kohle tropfen, da es sonst Feuer fängt und verbrennt. Vermeiden lässt sich das am besten, indem man beim Grillen etwas Glut an den Rand und direkt unters Fleisch eine Tasse aus Aluminium schiebt.

8.) Die innere Temperatur des Fleisches sollte auf jeden Fall unter 100 °C bleiben. Sonst beginnen die inneren Säfte zu kochen, damit verliert es seine Nährwerte. Das betrifft vor allem Schmorgerichte.

9.) Investieren Sie in ein Fleisch-Thermometer, es zahlt sich wirklich aus! Sie werden sehen, wie rasch sich die Qualität von Fleischgerichten bessert, wenn Sie folgende Richtlinie beachten: Um ein Kilo Fleisch auf 80 °C zu bringen, sollte der Herd auf nicht mehr als 120 °C eingestellt sein. Unbedingt alle 2 Stunden die Temperatur überprüfen.

ROASTBEEF ENTRECOTE

(MIT KNOCHEN)

EINKAUFSLISTE	FÜR 6–8 PORTIONEN
3 kg	Entrecote mit Knochen
1	Knoblauchknolle
	Dattelsirup
	groben Dijon-Senf
	Rosmarin
	Thymian
	Salbei
	Salz
	Pfeffer

Mit einem kleinen, spitzen Messer Schlitze in das Fleisch stechen, in die man anschließend alle Zehen einer Knoblauchknolle hineindrückt. Das Entrecote-Stück sollte möglichst gleichmäßig verteilt gespickt werden.

3 Esslöffel Olivenöl, 3 Teelöffel Dijon-Senf, 3 Esslöffel Dattelsirup miteinander verrühren. Rosmarin, Thymian und Salbei fein schneiden und dazumischen. Fleisch von allen Seiten her gut beschmieren. Zum Schluss salzen und pfeffern.

Ofen auf 90 °C vorwärmen. Fleisch auf dem Holzofengrill auf allen Seiten zirka 20 Minuten anbraten, dann im Ofen zirka 2 bis 2,5 Stunden garen.

HAYAS TIPP

Ich bestelle immer das Endstück des Entrecotes, auf dem 4 Knochen hängen sollten.

LAMMCHOPS

MIT GEGRILLTEM FENCHEL UND SYRISCHER OLIVENTAPENADE

EINKAUFSLISTE	FÜR 4 PORTIONEN
12	Lammchops
2	Fenchel
30	syrische, grüne Oliven
2	Zitronen
1	Knoblauchknolle
1 Bund	Petersilie
	Mandelblätter
	Kapern
	Olivenöl
	Salz
	Pfeffer

Fenchel vierteln und zirka 2 bis 3 Minuten blanchieren. Anschließend im Eiswasser abkühlen.

Tapenade folgendermaßen mischen: 1/4 Liter Olivenöl, 2 Esslöffel Petersilie fein zerhackt, 2 Knoblauchzehen gepresst, 3 Esslöffel geröstete Mandelblätter, Zesten von 2 Zitronen, 2 Esslöffel Kapern grob zerhackt, 30 syrische, grüne Oliven entkernt und ebenfalls grob zerhackt. Mit Salz und Pfeffer abschmecken.

In eine kleine Schüssel oder ein Glas 2 bis 3 Esslöffel Olivenöl leeren. Dieses mit Salz und Pfeffer abschmecken – als ob man es als Dip für Weißbrot reichen wollte. Lammchops beidseitig mit diesem Öl bepinseln und auf dem Holzofengrill 3 bis 4 Minuten auf jeder Seite braten.

An einer sauberen Ecke des Grills Fenchelstücke auflegen, bis diese schöne braune Streifen bekommen.

Lammchops und Fenchel auf einem Teller anrichten, mit etwas Tapenade übergießen und sofort servieren.

HAYAS TIPP Ich verwende besonders gern die kleinen, hellgrünen Oliven. Sie sehen zwar nicht so hübsch aus, schmecken aber oft viel intensiver als die imposanten großen. Man bekommt sie bei fast allen Orientalen-Ständen am Wiener Naschmarkt.

SPICY WÜRSTCHEN

MIT COUSCOUS-SALAT

EINKAUFSLISTE	
500 g	Spicy Salsicce *oder* Chorizo (scharfe Trockenwürstchen)
2 Gläser	Rinderbrühe
	Couscous
20 g	Butter
2	Zitronen, unbehandelt
1 Bund	Petersilie
1 Packung	Salatherzen
1 kleine Schachtel	Erdnüsse
1/2	Chilischote
2	rote Zwiebeln
1	Knoblauchknolle
	Olivenöl

Erst den Couscous-Salat zubereiten: 3/8 Liter Rinderbrühe zum Kochen bringen. Vom Feuer nehmen, 300 Gramm Couscous beigeben und 20 Gramm Butter einrühren. Den Topf zudecken und die Masse 10 Minuten ziehen lassen. Anschließend mit einer Gabel den Couscous auflockern und auskühlen lassen.

Nun 1 Teelöffel Zitronenzeste beigeben. Den Bund Petersilie, die 1/2 Chili, 100 Gramm Zwiebeln und 1 Knoblauchzehe fein hacken. 50 Gramm Erdnüsse grob hacken und 120 Gramm Salatherzen in zirka 2 bis 3 Millimeter dünne Streifen schneiden. 80 Milliliter Zitronensaft sowie 2 Löffel Olivenöl beimengen und alles miteinander vermischen. Die Salsicce grillen, in Scheiben schneiden und gleichmäßig mit einigen Petersilienblättern über den Couscous-Salat verteilen.

KEBAB MIT ALLES

Was zu beachten ist. Und wie ich Kebab am liebsten zubereite.

1.) Das Wichtigste bei Lammkebab ist die Fleischqualität. Ich persönlich kaufe am liebsten Lammschulter oder -schenkel und faschiere das Fleisch grob oder bitte den Fleischhauer darum, es zu faschieren. In einer guten Fleischerei kann so etwas kein Problem sein.

2.) Das Fleisch sollte jung und frisch sein, da es dann genug „Biss" hat. In diesem Fall also nicht auf „gut Abgelegtes" bestehen.

3.) Wer so wie ich besonders auf die Fleischqualität achtet, muss nicht stark würzen. Da das Fleisch auch genug Fett hat, benötigt man zum Grillen kein Öl oder sonstiges Fett.

4.) Das Faschierte sollte etwa 1 Stunde vor seiner Verarbeitung aus dem Kühlschrank genommen werden, damit es Zimmertemperatur hat. Das verkürzt später die Garzeit, somit bleibt das Fleisch saftig.

5.) Den Kebab forme ich nach Lust und Laune – am liebsten aber so, wie es die Menschen im Mittleren Osten tun, also in eine Würstchen- oder Cevapcici-Form. Je länger die Würstchen sind, desto eher empfiehlt es sich, sie auf einen Holzspieß zu stecken. Sieht außerdem hübsch aus!

6.) Wenn man den Kebab auf dem Holzofengrill zubereitet, sollte dieser nicht zu heiß sein, da er leicht verbrennt und in der Folge auch ungesund ist. In der Regel reicht es, die Würste 3 bis 5 Minuten auf jeder Seite brutzeln zu lassen.

7.) Meine Lieblingsbegleiter zu Kebab sind Israelischer Salat mit Tahina und Pitabrot.

ASIATISCHER FISCHKEBAB

EINKAUFSLISTE	FÜR 20 PORTIONEN
4 kg	weiße Fischfilets
20	Jungzwiebelstangen
1	Ingwer-Wurzel
1	Knoblauchknolle
2 Bund	Koriander
2	rote Chili
	Sesamöl
	Zitronengras *oder* Holzspieße
500 ml	Kokosmilch
	Sweet Chilisauce
	Zitronenblätter
	Mirin (japanischer Reiswein)
	Salz
	Pfeffer
	Bratöl

Fischfilets in zirka 3 Zentimeter große Stücke teilen, Jungzwiebeln und 5 Knoblauchzehen fein schneiden, 2 Teelöffel Ingwer reiben, Koriander und Chili grob hacken und das Ganze mit 20 Tropfen Sesamöl sowie Salz und Pfeffer gut durchmischen.

Die Marinade wird folgendermaßen angerührt: 10 Esslöffel Sweet Chilisauce und 5 fein zerhackte Zitronenblätter in 1/2 Liter Kokosmilch geben. Mit etwas Ingwer und 15 Esslöffeln Mirin abschmecken.

Nun alles gut miteinander vermengen und den marinierten Fisch 1 Stunde im Kühlschrank ruhen lassen. Dann die Minifilets auf Zitronengras-Stängeln oder den Holzspießen aufspießen und auf allen Seiten jeweils 2 Minuten in Öl anbraten.

HAYAS TIPP

Nachdem der Kebab intensiv schmeckt, serviere ich am liebsten Basmatireis dazu.

KEBAB MIT LAMM UND SAUERKIRSCHEN

EINKAUFSLISTE	FÜR 4–6 PORTIONEN
1 kg	Lammfaschiertes
1	weiße *oder* gelbe Zwiebel
2	Eier
1 Glas	Sauerkirschen
1 Bund	Petersilie
	Pinienkerne
	Baharat
	Salz
	Pfeffer

Sauerkirschen in ein Plastikgeschirr füllen und in den Tiefkühlschrank stellen, bis diese gefroren sind. Man holt sie erst kurz vor der Zubereitung des Fleisches wieder heraus und schneidet sie, solange sie noch halbgefroren sind, in ganz kleine Stückchen.

Zwiebeln fein schneiden. 1/2 Bund Petersilie und 50 Gramm Pinienkerne fein zerhacken.

30 Gramm grob gemahlenen Pfeffer, 25 Gramm Salz sowie 1 Teelöffel Baharat beigeben und das alles, samt der 2 Eier, gleichmäßig in die faschierte Fleischmasse einkneten. Zuletzt noch die Sauerkirschen dazumischen und dann erst die Würstchen formen.

HAYAS TIPP

Man kann die Sauerkirschen natürlich auch direkt aus dem Glas in die Fleischmasse einarbeiten. Mir ist die Tiefkühlmethode deshalb lieber, weil die Früchte dadurch ihren Saft speichern und leichter zu zerkleinern sind. Sie tauen erst im Fleisch richtig auf. So geht d[illegible] nicht verloren.

KEBAB MIT LAMM

FISCH fängt FEUER

Zartes Fischfleisch und wildes Feuer – wie soll das zusammengehen? Es hat schon einen Grund, warum Grill-Einsteiger sich erst mal über Würstchen, Steaks sowie Koteletts hermachen und von allem, was eine Flosse hat, die Finger lassen.

Hier erfahren Sie, wie ich den Holzkohlengrill vorbereite, damit die Fischhaut nicht schwarz und der Rest des Tieres nicht roh wie Sashimi ist.

Wichtig ist, dass zwischen Rost und Holzkohle genug Freiraum bleibt. Ich schaue, dass die Glut gleichmäßig verteilt ist, keine Erhebungen stattfinden und immer 3 bis 4 Zentimeter Abstand zur Lagefläche bestehen bleiben. Ist die Nähe zur Hitze zu groß, besteht die Gefahr, dass der Fisch zu schnell verbrennt. Die Kohle muss glühen und sollte keine Flammen mehr werfen. Erst dann darf man den Fisch auflegen.

Schon beim Einkaufen sollte man bedenken, dass Schuppen eine Schutzschicht sind, die sich auch beim Grillen als hilfreich erweist: Die Schuppen stellen eine Art Schale dar, die den Fisch vor dem Austrocknen bewahrt. Dadurch bleibt das Tier nicht auf dem Rost kleben. Auch bei einem Filet sollte man stets eine Seite mit Haut und Schuppen belassen. Der Fisch gehört vor dem Grillen gewürzt, da die Kräuter so besser einziehen.

Zur Grilldauer ist Folgendes anzumerken: Ein ganzer Fisch braucht zirka 15 Minuten, bis er durch ist. Ein Filet benötigt nur halb so lang – zirka 6 bis 7 Minuten. Die erste Seite sollte länger auf dem Grill liegen als die zweite Seite.

Beim Filet immer mit der Hauptseite beginnen und dann den Fisch 4 Minuten ruhen lassen. Für die schuppenfreie, „ungeschützte" Seite reichen 2 Minuten. Ganze Fische sollte man nicht öfter als ein- oder zweimal wenden. Wer sich die Arbeit vereinfachen will, tut gut daran, sich ein Fischgitter zu kaufen.

FISCHFILETS
IN MOHNSAUCE

Die Fischfilets mit Olivenöl einpinseln und mit Salz und Pfeffer bestreuen. In einer Pfanne oder auf dem Griller den Fisch auf jeder Seite 1 Minute braten.

Für die Sauce: Fleischtomate blanchieren, schälen, entkernen und in kleine Würfel schneiden. 2 Knoblauchzehen schälen und in kleine Stückchen hacken, Chilischote zerkleinern. 4 dünne Limettenscheiben schneiden.

1/4 Liter Weißwein (oder Wasser) mit den Sauce-Zutaten und 1/2 Teelöffel Zucker aufkochen. 1 gehäuften Esslöffel Mohn einrühren. Erst zuletzt 80 Gramm Butter beigeben und die Sauce rühren, bis die Butter geschmolzen ist.

Fischfilets in die Sauce einlegen und bei kleiner Flamme 5 Minuten „ziehen" lassen.

EINKAUFSLISTE	FÜR 4 PORTIONEN
600 g	weißer Fisch *oder* Lachs
1	Fleischtomate
1	Knoblauchknolle
1	Limette
1	Chilischote
	trockener Weißwein
1 Packung	geriebener Mohn
	Butter
	Zucker
	Salz
	weißer Pfeffer
	Olivenöl

Senia (orientalisches Pfannengericht)

„Senia“ kommt aus dem Arabischen und heißt übersetzt „Tablett“. Ich koche besonders gern mit diesem Geschirr. Erstens sieht es hübsch aus – es ist wirklich dekorativ. Man kann es, sowie man es aus dem Ofen oder vom Feuer genommen hat, direkt auf den Tisch stellen.

Zweitens hat es hervorragende Eigenschaften: Die unterschiedlichen Zutaten nehmen geschmacklich gut voneinander an und bewahren trotzdem ihre Eigenständigkeit. Viele werden diesen Effekt von der spanischen Paella her kennen, die ebenfalls in einer Senia zubereitet wird. Eine weitere sehr verbreitete Art von Senia-Speisen sind gratinierte Gerichte mit Tahina oder Tomaten, bei denen Faschiertes erst gegrillt und später weiter im Ofen gegart wird.

Ich verrate Ihnen hier ein Senia-Rezept mit Fisch. Und als Garnitur verwende ich nicht Tahina, sondern einen reifen Käse wie Ziegen-Camembert und etwas Tomatensalsa.

HAYAS TIPP Wem der Ziegenkäse zu intensiv schmeckt, der sollte zu mildem Halloumi (halbfester Käse aus Ziegen-, Kuh- und Schafsmilch) greifen. Anstelle von Pinienkernen passen geröstete Mandeln, anstelle von Koriander frische Petersilie.

SENIA

MIT **GEGRILLTEM ZANDER** UND **MELANZANI** AUS DEM **HOLZOFEN**

EINKAUFSLISTE	FÜR 4 PORTIONEN
4 Scheiben	weißer Fisch (Zander *oder* Seeteufel)
2	Melanzani
4	reife Tomaten
1	Knoblauchknolle
1	Zitrone, unbehandelt
1	grüne Chili
1 Bund	Koriander
150 g	Ziegenkäse
	Pinienkerne *oder* geröstete Mandeln
	Kreuzkümmel
	schwarzer grober Pfeffer
	Salz
	Olivenöl

Die Melanzani auf dem Gasherd anbrennen, bis die Schale weich und schwarz ist. Anschließend die Frucht längs halbieren und mit dem Löffel aushöhlen.

2 Tomaten in 1 Zentimeter dicke Rundscheiben schneiden und in einer heißen Pfanne oder auf dem Griller auf beiden Seiten anbraten. Beides – Tomatenscheiben und Melanzani-Masse – zur Seite geben.

Die Fischfilets auf einem Griller mit der Hauptseite (Schuppenseite) nach unten braten, bis diese knusprig ist. Die obere Seite würzt man mit Salz und Pfeffer. Die Filets, selbst wenn sie nicht ganz durch sein sollten, auf einen Teller legen und ebenfalls zur Seite stellen.

Die verbliebenen 2 Tomaten, 1 gepresste Knoblauchzehe, 1 Teelöffel Kreuzkümmel, die Zeste 1 Zitrone, den grünen Chili und 1 Esslöffel Olivenöl mithilfe eines Cutters grob zerteilen.

Senia mit Backpapier belegen, die Melanzani gleichmäßig verteilen, den Fisch darauf drapieren, die gegrillten Tomatenscheiben und zum Schluss die groben Tomatenstücke darauf legen. Für die Dauer von 12 bis 15 Minuten ins auf 180 °C vorgeheizte Backrohr schieben, bis der Fisch eine weiße, matte Farbe annimmt.

Anschließend holt man die Senia aus dem Ofen und legt den Käse, der zuvor in 3 bis 5 Millimeter dünne Scheiben geschnitten wurde, auf die Tomaten. Sobald dieser zu schmelzen beginnt, dekoriert man das Gericht mit gerösteten Pinienkernen und grob gehacktem Koriander.

TOMATENSUPPE

MIT GEGRILLTEM LACHS, ARAK UND FENCHEL

EINKAUFSLISTE	FÜR 4 PORTIONEN
800 g	Lachsfilet
2 Dosen	Pelati
2 Gläser	Hühner- *oder* Gemüsebrühe
250 ml	Kokosmilch *oder* 1 Becher Schlagobers
3	Schalotten
1	Fenchelknolle
1	Knoblauchknolle
1	getrockneter Pfefferoni
	Parmesan
	Oregano
	Fenchelsamen
	Zucker
	Balsamico *oder* Zitrone
	Olivenöl
	Butter
	Arak (Anisschnaps)

Diese Suppe wird genauso zubereitet wie die Tomatensuppe mit gewürfelten Melanzani (siehe Rezept Seite 16) – nur, dass man eben anstelle der Melanzani den Fenchel in kleine Stückchen schneidet, ihn anbrät und am Ende als Dekoration verwendet.

Vor diesem letzten Schritt Obers oder Kokosmilch übergießen. Man lässt das Ganze weitere 15 Minuten köcheln, fügt 4 Esslöffel Arak bei und mixt die Suppe mit einem Blender, bis deren Konsistenz schön sämig und cremig ist.

Lachs in zirka 5 bis 7 Millimeter dünne Scheiben schneiden und auf einer Seite kurz angrillen, bis diese leicht angebräunt ist. Die Fischfilets werden in der Mitte des Suppentellers wie ein Fächer drapiert.

HAYAS TIPP

Man kann diese Tomatensuppe warm oder kalt servieren. Wichtig ist nur, dass der Fisch frisch vom Griller kommt.

GEGRILLTE SCAMPI

AUF ZITRONENGRAS-SPIESSCHEN MIT ASIATISCHEM GLASNUDELSALAT

EINKAUFSLISTE	FÜR 4 PORTIONEN
24	Scampi
1 Packung	Glasnudeln
	Zitronengras
	Ingwer
1 Bund	Koriander
	Mirin (süßer japanischer Reiswein)
	Sweet Chilisauce
	Sesamöl
	Sojasauce

Man beginnt mit der Zubereitung des Salats, da die Scampi rasch gegrillt sind. Glasnudeln 5 Minuten in kaltem Wasser einlegen, anschließend abseihen und 3 Minuten blanchieren. Für die Marinade rührt man folgende Mischung an: 1 Esslöffel Sesamöl, 1 Esslöffel Sojasauce, 1 Esslöffel Sweet Chilisauce, 2 Esslöffel Mirin und 1 Teelöffel fein zerhackter Ingwer. Koriander zerkleinern und über den Glasnudelsalat streuen.

Jeweils 6 Scampi auf 4 Zitronengras-Stängeln aufspießen. Damit dies leichter geht, sollte man die Scampi zuvor mit einem klassischen Spieß in der Mitte gelöchert haben. Scampi-Spieße auf das Grillgitter legen und 3 bis 4 Minuten auf jeder Seite braten lassen.

WÜRZE IN ALLER KÜRZE

MARINADEN UND DIPS

Marinaden sind das Um und Auf beim Grillen, denn sie geben Fleisch und Fisch jene Würze, die beim Kochen in Pfannen und Töpfen jederzeit leicht herzustellen und zu optimieren ist.

Beim Grillen hat man diese Möglichkeit der Korrektur nicht. Man kann nur nachsalzen oder nachpfeffern, aber die Basis-arbeit muss im Vorfeld geleistet werden.

Wer es lieber Natur pur mag oder sich die Gitterstäbe des Grillers nicht zu stark verschmutzen will, kann auch mit Dips arbeiten. Dips haben diesen gewissen Charme, der auch bei Fondue-Partys herrscht. Man reicht die Schüsseln durch die Runde, unterhält sich über diese und jene Sauce.

Bei Einladungen, bei denen sich die Gäste untereinander nicht so gut kennen, haben Dips eine regelrechte Eisbrecher-Funktion. Es gibt gleich ein Thema, über das man sich mit seinem Tischnachbarn unterhalten kann, und man erspart sich die manchmal quälenden Konversationseinstiege. Let's Dip!

MARINADE
FÜR HÜHNERFLÜGEL
LIBANESISCHE
MARINADE
MARINADE
FÜR HÜHNERLEBER
ODER -HERZEN
ORANGEN-
MARINADE

LIBANESISCHE
MARINADE

EINKAUFSLISTE FÜR 4 PORTIONEN

Dattelsirup
1 Bund Rosmarin
1 Knoblauchknolle
Olivenöl
Weißweinessig
Süßes Paprikapulver
Schwarzer Pfeffer
Salz

1/4 Liter Olivenöl, 3 Esslöffel Dattelsirup, 2 Esslöffel Weißweinessig, 1 Esslöffel süßes Paprikapulver, 2 Knoblauchzehen fein zerhackt sowie grob zerteilte Rosmarin-Nadeln miteinander vermengen. Mit Salz und Pfeffer abschmecken. Das Hühnerfleisch einlegen und im Kühlschrank über Nacht ruhen lassen.

ORANGEN-
MARINADE

EINKAUFSLISTE FÜR 6–8 PORTIONEN

1 kg Orangen
1 kg Honig
1 Flasche trockener Rotwein
4 Pfefferoni
1 Knoblauchknolle
Salz

Orangenfilets sowie Pfefferoni in kleine Stückchen schneiden. 6 Knoblauchzehen grob zerhacken. Alles mit dem Rotwein und dem Honig vermengen. 1 Teelöffel Salz beigeben. Hühnerfleisch 24 Stunden marinieren.

ORANGENLIKÖR-
MARINADE

EINKAUFSLISTE FÜR 4 PORTIONEN

Dattelsirup
Orangelikör
Sojasauce, ungesüßt
Olivenöl
1 Knoblauchknolle
Muskat
Zimt
Schwarzer Pfeffer

1 Esslöffel Dattelsirup, 1 Esslöffel Orangenlikör, 1 Teelöffel Soja und 1/4 Liter Olivenöl miteinander verrühren. 1/2 Teelöffel Zimt, 1 Messerspitze geriebene Muskatnuss und 1 fein zerhackte Knoblauchzehe dazumischen. Hühnerfleisch 12 Stunden darin marinieren.

MARINADE FÜR
HÜHNERFLÜGEL

EINKAUFSLISTE FÜR 4 PORTIONEN

1 roter Paprika
1 Knoblauchknolle
2 Pfefferoni
Olivenöl
Sojasauce, ungesüßt
Dattelsirup
Sweet Chilisauce
Scharfes rotes Paprikapulver
Schwarzer Pfeffer
Curry

1/16 Liter Olivenöl, 100 Milliliter Sojasauce, 4 Esslöffel Sweet Chilisauce, 2 Esslöffel Dattelsirup miteinander vermischen. 5 fein zerhackte Knoblauchzehen, 2 in Rädchen geschnittene Pfefferoni und 1 Teelöffel grob gemahlenen schwarzen Pfeffer beigeben. Alles zusammen im Blender mixen, bis es eine glatte Masse wird.

Hühnerflügel mit folgender Gewürzmischung einreiben und die ganze Nacht über ruhen lassen, damit die Würze gut absorbiert wird: 1 Esslöffel scharfes rotes Paprikapulver, 1 Esslöffel Curry, 1 Teelöffel schwarzer gemahlener Pfeffer, 1 in kleine Stücke zerhackter roter Paprika. Am nächsten Tag die Flügel in die Marinade einlegen und dort weitere 24 Stunden ruhen lassen.

MARINADE FÜR
HÜHNERLEBER ODER -HERZEN

EINKAUFSLISTE FÜR 6–8 PORTIONEN

2 Zitronen
1 Flasche/Dose Bier
1 Flasche Hochriegl frizzante muscato
Ingwer
2 Pfefferoni
1 Knoblauchknolle
Nelken (im Ganzen)
Zimt
Brauner Zucker
Piment, gemahlen
Kardamom-Kapseln
Anissterne, Koriandersamen

Saft von 2 Zitronen, 1/4 Liter helles Bier, 1/4 Liter trockener Weißwein, 1 Teelöffel Koriandersamen, 4 Kardamom-Kapseln, 1 Teelöffel Zimt, 1/2 Teelöffel Piment, 4 Anissterne, 6 bis 8 Stück Nelken, 2 Zentimeter geriebener Ingwer, 60 Gramm brauner Zucker, 4 fein zerhackte Knoblauchzehen und 2 in kleine Rädchen geschnittene Pfefferoni miteinander vermengen. Innereien einlegen und 4 Stunden ziehen lassen.

HAYAS TIPP

- Als Flüssigkeitsbasis passen für Hühnerfleisch immer gut Bier, Weißwein oder Obstsäfte.
- Anstelle von Salz nimmt man Soja- oder Teriyaki-Sauce.
- Süße stellt man mit Honig oder Dattelsirup her, Schärfe mit Dijon-Senf, Wasabi, Paprikapulver oder zerkleinerten Pfefferoni.

Je mehr Zuckerbestandteile in der Marinade sind, desto mehr dunkle Farbe bekommt das Huhn. Gesalzen wird Hühnerfleisch immer ganz zum Schluss, kurz vor dem Servieren. Es gilt aber zu bedenken, dass dies oft gar nicht notwendig ist, da Soja- oder Teriyaki-Saucen ohnedies stark salzig schmecken.

MELANZANI

DIP

EINKAUFSLISTE	FÜR 8–10 PORTIONEN
4	Melanzani
1	Ei
1 Packung	Labane
	Olivenöl
1	Zitrone
	Salz
	Pfeffer

4 Melanzani im Ofen weich werden lassen und in so kleine Stücke zerhacken, dass die Melanzani fast schon püriert sind. 1 Ei hart kochen, dann vierteln und mit einer Gabel zerkleinern.

Melanzani, Eier, 100 Gramm Labane, 1/2 Liter Olivenöl und den Saft 1 Zitrone zu einer Creme vermischen. Mit Salz und Pfeffer abschmecken.

HAYAS TIPP

Als Deko tröpfle ich gern Dattelsirup über den Melanzani-Dip und/oder verziere ihn mit gerösteten Pinienkernen. Er schmeckt hervorragend mit Brot, das auf dem Holzofen getoastet wird. Ich serviere ihn als Appetizer, bevor die Grillparty beginnt.

LAMMCHOPS-MARINADE

EINKAUFSLISTE FÜR 4 PORTIONEN

- Sojasauce
- Olivenöl
- 1 Knoblauchknolle
- Honig

1/16 Liter Sojasauce, 1/16 Liter Olivenöl, 1/16 Liter Wasser miteinander gut verquirlen. 1 Teelöffel Honig und 1 Knoblauchzehe fein zerhackt dazumischen. Lammchops unter regelmäßigem Wenden für mindestens 2 Stunden darin einlegen.

LIBANESISCHE LAMMCHOPS-MARINADE

EINKAUFSLISTE FÜR 4 PORTIONEN

- Bockshornsamen
- Zimt
- Olivenöl
- Kardamom
- Baharat (arabische Gewürzmischung)
- Schwarzer Pfeffer
- 1 Knoblauchknolle
- Sojasauce

1 Teelöffel Bockshornsamen, 1 glatt gestrichenen Teelöffel Zimt, 1 Teelöffel Kardamom, 1 Teelöffel Baharat und 1 Teelöffel schwarzen Pfeffer in einen Mörser geben und zerstoßen, bis sich daraus eine grobe Gewürzmischung ergibt. Das Ganze mit 1/8 Liter Olivenöl, 1 zerhackten Knoblauchzehe und 1/16 Liter Sojasauce mischen. Lammchops mindestens 2 Stunden darin einlegen.

HAYAS TIPP | **Um die harten Bockshornsamen besser zerstoßen zu können, sollte man sie über Nacht in kaltem Wasser einweichen.**

ROASTBEEF-

MARINADE

EINKAUFSLISTE FÜR 8–10 PORTIONEN

1 kg Orangen, unbehandelt
1 kg Honig
Cognac
4 Pfefferoni
1 Knoblauchknolle
Schwarzer Pfeffer

1 Kilo Orangen in Scheiben schneiden und in eine Schüssel geben.

1 Kilo Honig mit 1/4 Liter Cognac vermischen und über die Orangen gießen. 4 Pfefferoni und 6 Knoblauchzehen grob zerkleinern. Mit frisch gemahlenem schwarzem Pfeffer abschmecken.

Das Fleisch von eventuellen Fettteilen befreien und 6 bis 10 Stunden im Orangen-Cognac-Bad marinieren.

STEAK-

MARINADE

EINKAUFSLISTE FÜR 6–8 PORTIONEN

1 Bund Petersilie
1 rote Zwiebel
1 Knoblauchknolle
Olivenöl

5 Knoblauchzehen und 1/2 rote Zwiebel grob schneiden, 1/8-Liter-Glas mit Petersilienblättern füllen und diese anschließend zerhacken. Das Ganze mit 1/4 Liter Olivenöl vermischen. Steaks für mindestens 2 Stunden einlegen.

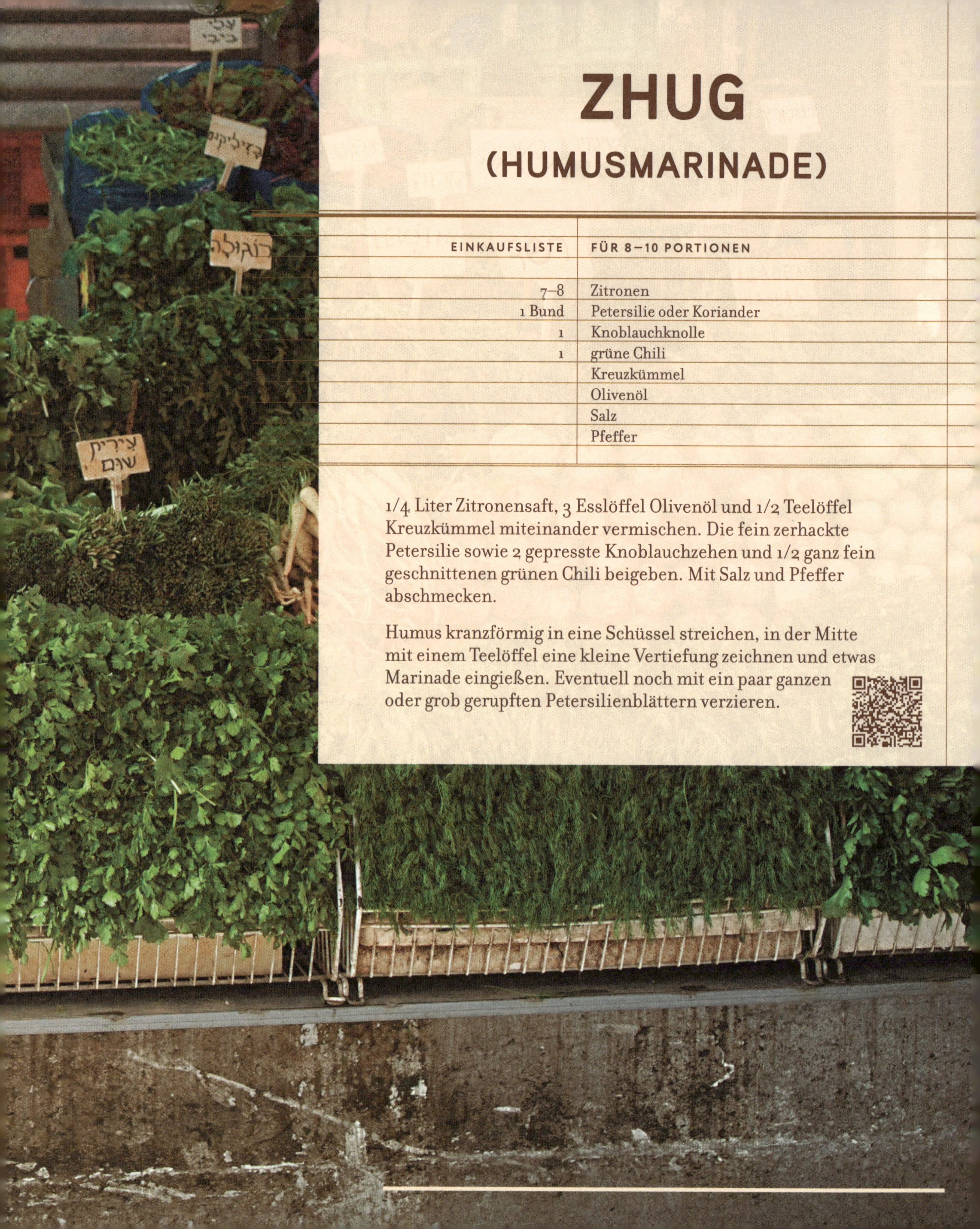

ZHUG

(HUMUSMARINADE)

EINKAUFSLISTE	FÜR 8–10 PORTIONEN
7–8	Zitronen
1 Bund	Petersilie oder Koriander
1	Knoblauchknolle
1	grüne Chili
	Kreuzkümmel
	Olivenöl
	Salz
	Pfeffer

1/4 Liter Zitronensaft, 3 Esslöffel Olivenöl und 1/2 Teelöffel Kreuzkümmel miteinander vermischen. Die fein zerhackte Petersilie sowie 2 gepresste Knoblauchzehen und 1/2 ganz fein geschnittenen grünen Chili beigeben. Mit Salz und Pfeffer abschmecken.

Humus kranzförmig in eine Schüssel streichen, in der Mitte mit einem Teelöffel eine kleine Vertiefung zeichnen und etwas Marinade eingießen. Eventuell noch mit ein paar ganzen oder grob gerupften Petersilienblättern verzieren.

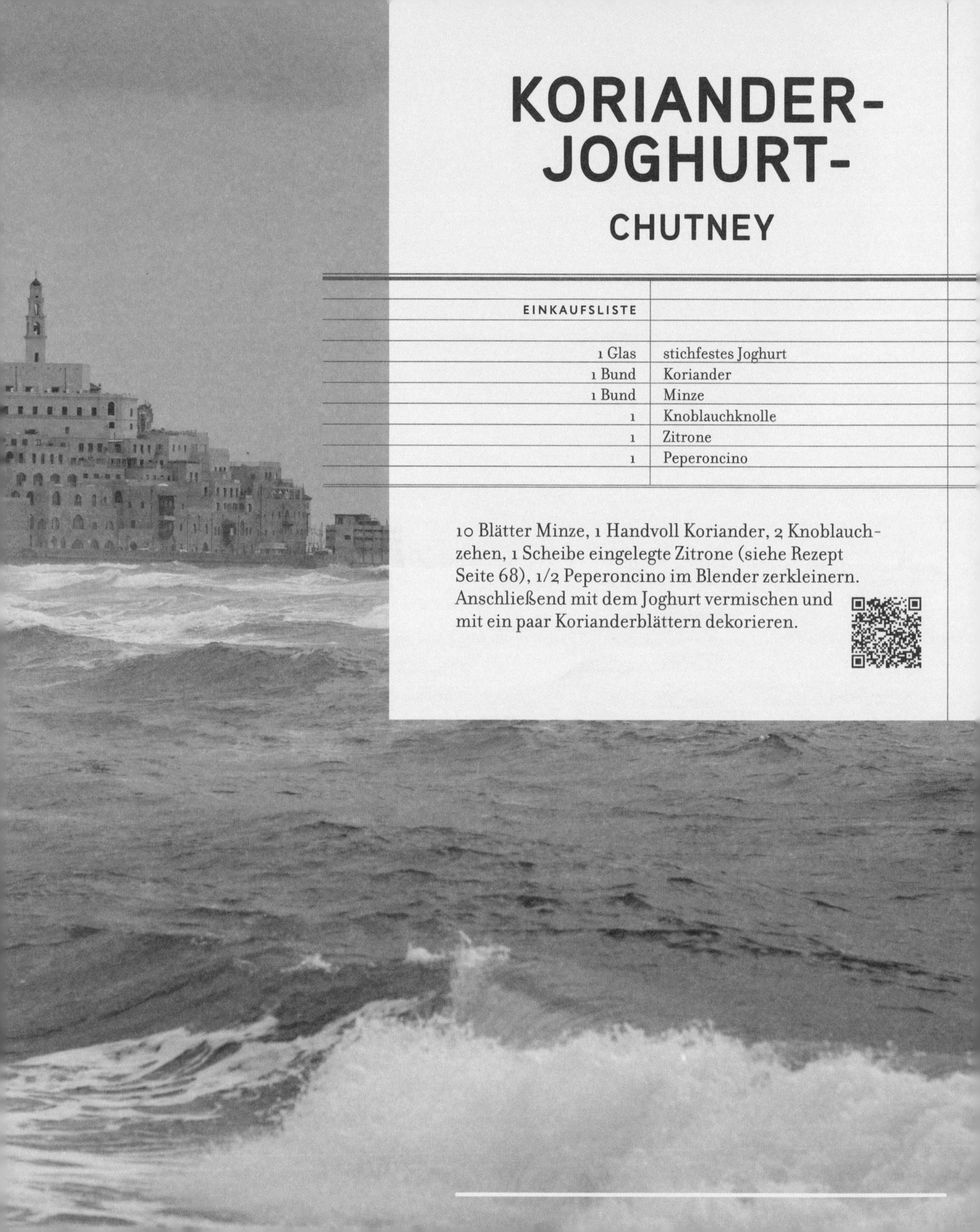

KORIANDER-JOGHURT-CHUTNEY

EINKAUFSLISTE	
1 Glas	stichfestes Joghurt
1 Bund	Koriander
1 Bund	Minze
1	Knoblauchknolle
1	Zitrone
1	Peperoncino

10 Blätter Minze, 1 Handvoll Koriander, 2 Knoblauchzehen, 1 Scheibe eingelegte Zitrone (siehe Rezept Seite 68), 1/2 Peperoncino im Blender zerkleinern. Anschließend mit dem Joghurt vermischen und mit ein paar Korianderblättern dekorieren.

HAYAS TIPP

Das Koriander-Joghurt-Chutney bleibt im Kühlschrank zirka 1 Woche frisch. Ich serviere es besonders gern zu Melanzani vom Ofen (siehe Rezept Seite 10) oder gegrilltem Lammfleisch.

MATBUCHA

Matbucha ist ein marokkanisches Grundbasis-Rezept, das gut zu Eierspeisen, Fischen, Pasta und Aufstrich-Kombinationen passt. Ich selbst bereite immer große Mengen zu, wenn die Tomaten den höchsten Reifegrad erreicht haben und extrem geschmacksintensiv sind. Dann portioniere ich die Masse und friere sie ein. So kann ich sie das ganze Jahr über verwenden.

EINKAUFSLISTE	
4 kg	reife Tomaten
4 kg	dicke rote Paprika
2	scharfe Pfefferoni
	(wer es weniger scharf mag, reduziert die Menge)
1	Knoblauchknolle
	Olivenöl
	süßes Paprikapulver
	scharfes Paprikapulver
	Tomatenmark
	Zucker
	Salz

Tomaten mit einem scharfen Messer kreuzartig einschneiden und im heißen Wasser blanchieren, schälen und entkernen. In grobe Würfel schneiden und in einem Topf 5 bis 10 Minuten kochen, bis die Tomaten Wasser lassen. Flüssigkeit abseihen.

Paprika und Pfefferoni über einer Gasflamme anbrennen, bis die Schale schwarz ist. Ebenfalls schälen, entkernen und grob würfeln.

Gemüse miteinander vermengen, mit 2 gepressten Knoblauchzehen, 1 Teelöffel Salz, 1 Prise Zucker sowie mit je 1 Esslöffel süßen und scharfen Paprika würzen. 1/16 Liter Olivenöl dazugießen und alles zusammen 2 Stunden lang bei mittlerer Flamme auf dem Herd lassen.

Erst dann das Tomatenmark dazugeben und nochmals 30 Minuten auf kleiner Flamme köcheln. Am Ende muss die Masse glänzen. Sie sollte keine Flüssigkeit mehr und die Konsistenz eines Aufstrichs haben. Zum Auskühlen bringen und erst dann in den Kühlschrank stellen, wo der Matbucha bis zu 2 Wochen frisch bleibt.

HAYAS TIPP

Wenn man Fleischbällchen macht und einige davon übrig bleiben, kann man sie am nächsten Tag in der Matbucha-Marinade aufwärmen. Dazu serviert man ein Stück Brot und Salat. Mehr braucht der Mensch nicht!

Ich kombiniere Matbucha auch sehr gerne mit gegrilltem Fisch. Oder mit Spiegeleiern, wie beim Frühstücksgericht Shakshuka aus meinem ersten Kochbuch.

SPINAT-
SAUCE

EINKAUFSLISTE	
200 g	Spinat
2 Becher	Joghurt (500 g)
2 Bund	Koriander
1	Knoblauchknolle
	Salz
	Pfeffer

Spinat 5 Minuten lang kochen, abseihen und vorsichtig mit den Händen ausdrücken. Koriander abzupfen, bis ein 1/4-Liter-Glas voll ist. 1 Knoblauchzehe von ihrer Schale befreien. Dies alles mit 2 Bechern Joghurt in einen Blender schütten und so lange zerkleinern, bis sich eine Creme ergibt. Mit Salz und Pfeffer würzen.

GRÜNE TAHINA

MIT PFEFFERONI UND KNOBLAUCH

EINKAUFSLISTE	FÜR 4 PORTIONEN
1 Glas	Tahina
1 Bund	Petersilie
1	Knoblauchknolle
1	Pfefferoni
2	Zitronen
	Salz

Die Petersilie 1 Minute blanchieren und dann in Eiswasser geben.

Petersilie, 2 Knoblauchzehen, 1 entkernten Pfefferoni und den Saft von 2 Zitronen mit 1/8 Liter Wasser im Blender mixen, bis daraus eine glatte Masse wird. Dann 250 Gramm Tahina und 1 Prise Salz dazugeben und nochmals mixen.

Falls die Masse zu dickflüssig ist, gibt man noch etwas Wasser dazu.

HAYAS TIPP

Die Tahina schmeckt herrlich als Dip zu Lammfleisch, aber auch als i-Tüpfelchen zu einem klassischen Humus.

TAHINA

MIT EINGELEGTEN ZITRONEN

EINKAUFSLISTE	
250 ml	rohe Tahina
2	Zitronen, unbehandelt
1	Knoblauchknolle
	Salz

Folgende Zutaten in einem Mixer mischen, bis die Konsistenz jene eines Aufstrichs ist: 1/4 Liter rohe Tahina, Saft 1 Zitrone, 2 gepresste Knoblauchzehen, 300 Milliliter Wasser. Falls die Tahina zu dickflüssig ist, noch etwas zusätzliches Wasser unter ständigem Rühren langsam hinzufügen.

Zum Schluss nimmt man 1 eingelegte Zitrone (siehe Rezept Seite 68), schneidet diese in kleine Würfel und mischt 1 gehäuften Esslöffel in den Aufstrich. Mit Petersilienblättern dekorieren und servieren!

Die Tahina mit eingelegten Zitronen bleibt im Kühlschrank bis zu 5 Tage frisch.

HAYAS TIPP

Ich serviere dazu Bulgur, Reis, Couscous oder aber auch Gemüse-Antipasti (siehe Rezept Seite 22).

HAMSCHUKA

MIT PINIENKERNEN

EINKAUFSLISTE FÜR DEN HUMUS		EINKAUFSLISTE FÜR DIE FLEISCHFÜLLE	
1 Packung	Kichererbsen (mind. 200 g)	400 g	Faschiertes vom Rind
1 Glas	Tahina (Sesampaste)	150 g	Faschiertes vom Lamm
1 Packung	Zitronensäure	1	große Zwiebel
	Kreuzkümmel	1	Pfefferoni
	Sodacarbonat		Tomatenmark
1	Knoblauchknolle		Baharat (arabische Gewürzmischung)
		1 Bund	Petersilie
			Pinienkerne
			Olivenöl, Salz, Pfeffer

Wie schon in meinem ersten Buch beschrieben, ist Humus ein fixer Bestandteil meiner Küche. Er gehört zu den Nationalspeisen in Israel sowie allen arabischen Ländern und zählt in meinen „NENI"-Restaurants zu den meistbestellten Speisen.

Wem es zu mühsam ist, Humus zuzubereiten, der kann ihn bei uns als Take-away kaufen. Aber probieren Sie es doch einmal selbst! Hier das Basis-Rezept für alle, die noch nicht das erste „NENI"-Kochbuch besitzen:

HUMUS: Die Kichererbsen über Nacht in kaltem Wasser mit Sodacarbonat einweichen. Am nächsten Tag absieben und weich kochen. Mit dem Mixstab oder einer Flotten Lotte (feinster Einsatz!) pürieren. Ein Glas Sesampaste (Tahina) dazumischen und mit 1 Prise Zitronensäure abschmecken. Der Masse 1/4 Liter Wasser und 1/8 Liter „crashed ice" beifügen.

Crashed ice lässt sich herstellen, indem man die leicht aufgetauten Eiswürfel in ein sauberes Geschirrtuch wickelt und mit dem Hammer vorsichtig zerkleinert. Manche Mixstäbe haben auch einen Schneideaufsatz (Cutter), mit dem sich etwa Nüsse reiben lassen – auch damit lässt sich das Eis „crashen".

Das Ganze gut durchmischen und mit 1 Teelöffel Kreuzkümmel, 1 gepressten Zehe Knoblauch und etwas Salz würzen.

FLEISCHFÜLLE: Öl erhitzen und die fein geschnittene Zwiebel sowie 2 fein zerkleinerte Knoblauchzehen darin anbraten, bis diese goldfarben schimmern. Fleisch mit 1 Teelöffel Tomatenmark gleichmäßig in einer Pfanne verteilen und von allen Seiten her 2 bis 3 Minuten anrösten. Die Hälfte der Petersilie und die 1/2 Pfefferoni fein hacken und gleichmäßig in die Fleischmasse einrühren, die erst ganz am Ende mit 3/4 Teelöffel Baharat, Salz und Pfeffer gewürzt wird. Das Ganze bei mittlerer Flamme 2 weitere Minuten auf dem Herd köcheln lassen.

1 Handvoll Pinienkerne anrösten. Humus kranzförmig auf einen großen Teller streichen, in der Mitte das Fleisch anrichten. Mit grob gezupfter Petersilie und den gerösteten Pinienkernen dekorieren.

LABANE

MIT ZUCCHINI, OLIVEN UND MINZE

EINKAUFSLISTE	
1 Becher	Labane (frischkäseähnliches, rahmiges Joghurt)
2 Becher	Joghurt
5	Zucchini
1 Bund	Minze
1	Knoblauchknolle
1 Glas	Kalamata-Oliven
	Olivenöl
	Salz

2 großzügig bemessene Esslöffel Labane und 2 Becher Joghurt miteinander verrühren. Zucchini schälen und in kleine Würfel schneiden. Die Hälfte der Oliven entkernen und ebenfalls klein würfeln. Minze und Knoblauchzehen fein schneiden. 1 Schnapsglas Olivenöl dazuschütten, alles miteinander vermischen und je nach Geschmack salzen.

Achtung: Zucchini nehmen sehr stark das Salz in sich auf! Den Aufstrich nach zirka 30 Minuten nochmals nachkosten, dann erst weiß man, ob er auch richtig gewürzt ist.

HAYAS TIPP

Labane schmeckt hervorragend mit einer Scheibe Brot, die man ein bisschen mit Olivenöl bepinselt und dann kurz auf den Griller legt. Wenn ich Gäste habe, serviere ich gerne Aufstriche wie diesen oder Spicy Melanzani (siehe Rezept Seite 49) als Appetizer.

NENI am Tisch
Grüne Tahina
Sesampaste mit Petersilie
NENI am Tisch
Zhug
Chili-Kräuter Pesto
NENI am Tisch
Humu
mit Olivenö
& Pinienkern

NENI AM TISCH

AUFSTRICHE, PESTO UND GEMÜSEGERICHTE

NENI
am Tisch

Ich trage die Mittelmeersonne im Herzen: Heimat war für mich immer schon ein kulinarischer Begriff.

Mit meinen Lokalen „NENI am Naschmarkt“, „NENI im Zweiten“ und „Tel Aviv Beach“ habe ich mir einen Lebenstraum verwirklicht. An allen drei Plätzen servieren wir orientalische Küche. Einige der „NENI“-Klassiker sind jetzt auch bei „Spar“ erhältlich.

Unter der Marke „NENI am Tisch“ finden Sie Aufstriche, Pesto und Gemüsegerichte. Denn zu einem stimmungsvollen Essen gehören für mich unbedingt Mezze. Das sind israelische Tapas (Vorspeisenvariationen), die aus vielen kleinen Köstlichkeiten bestehen.

Sie sind Energy-Booster an einem langen Arbeitstag und ideale Begleiter zu vielen Fleisch- und Gemüsespeisen.

Erhältlich in ausgewählten Märkten: SPAR SPAR Gourmet

SÜSSER ZÜNDSTOFF

FLÄMMEN & KARAMELLISIEREN

Gegen Ende dieses Buches kommen wir zur einfachsten Form der „Feuerküche“. Ich würde Ihnen allerdings raten: Bevor Sie zum ersten Mal mit dem Bunsenbrenner arbeiten, legen Sie doch eine Übungsrunde ein.

Investieren Sie in die kleinste Packung Vanillepudding, die im Supermarkt erhältlich ist. Leeren Sie diesen daheim in eine kleine, feuerfeste Keramikschüssel um. Streichen Sie ihn schön glatt, damit Sie die Oberfläche gleichmäßig mit Zucker bestreuen können. Anschließend bringen Sie diesen mithilfe des Bunsenbrenners zum Schmelzen.

Wenn Sie dies 2 bis 3 Mal üben, haben Sie den richtigen Dreh heraußen. So einfach das Flämmen wirkt, so verdeckt sind seine Tücken. Der karamellisierte Zucker kann nämlich leicht kippen, dann ist er verbrannt. Aufpassen! Eine schwärzliche Zuckerkruste schmeckt bitter und zerstört mit einem Schlag die Arbeit von Stunden an der womöglich herrlichen Creme, die darunter steckt. Das wäre doch schade!

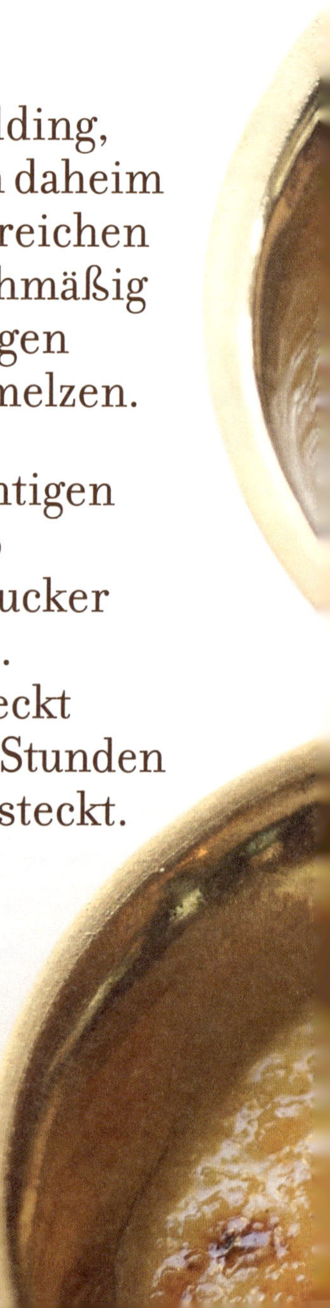

Wie ich schon in meinem ersten „NENI“-Kochbuch erzählt habe, stammen die Vorfahren meines Mannes Samy aus Spanien. Seine Mutter war eine leidenschaftliche Köchin und hat mir viele ihrer Rezepte weiter-gegeben, in die ich mit den zunehmenden kulinarischen Erfahrungen durch die Reisen mit Samy meine eigene Note eingebracht habe.

Die Crema Catalana, die, wie der Name verrät, eine katalanische National-„Sünde“ ist, wird bereits in mittelalterlichen Kochbüchern erwähnt. Manchmal wird sie auch als „Crema Cremada“ bezeichnet, was ihren verführerischen Charakter noch mehr betont. Sie ähnelt sehr stark der französischen Crème brûlée, die traditionellerweise auf Obers-Basis zubereitet wird. Die Crema Catalana ist, wenn man so will, etwas figurfreundlicher, denn sie wird mit Milch eingerührt.

Neben all den Zutaten, die ich Ihnen gleich verrate, braucht man bei der Zubereitung vor allem Geduld: Die Temperatur muss präzise gehalten werden, auch die Mengen müssen genau stimmen, und es gilt zu bedenken: Der Prozess kann nicht beschleunigt werden.

CREMA CATALANA

BASISREZEPT

EINKAUFSLISTE	FÜR 6–8 PORTIONEN
500 ml	Milch *oder* Schlagobers (Sahne)
1 Packung	Vanillestangen
1 Packung	Puderzucker
1 Packung	brauner Zucker
6	Eier

1 Vanillestange mit einem abgerundeten, nicht zu scharfen Messer auskratzen. Milch beziehungsweise Schlagobers (Sahne) mit 50 Gramm Puderzucker und dem Vanillemark in einem kleinen Topf zum Kochen bringen.

6 Eigelb und weitere 50 Gramm Puderzucker in einer Schüssel mit einem Schneebesen 2 bis 3 Minuten verrühren. Nicht zu heftig vermengen, da kein Schaum entstehen sollte. Deshalb benütze ich in diesem Fall auch keinen Mixer.

Die heiße Milch/Sahne unter ständigem Rühren langsam in die Eigelbmasse hineintröpfeln lassen, damit sich die Temperatur langsam ausgleichen kann und es kein Omelett wird. Mit der Zeit wird die Crema immer dicklicher, und erst, wenn sie im Eisschrank abkühlt, fest. Wichtig ist, dass man die Masse rührt, und nicht schlägt.

Wie weiß man, dass die Crema fertig ist? Man nimmt einen Holzlöffel, rührt einmal um, sodass dessen Rückseite gedeckt ist. Danach zieht man mit dem Finger eine Linie – bleibt diese für ein paar Sekunden bestehen, ist die Crema dick genug.

Ofen auf 150 °C vorwärmen. Crema in kleine Schalen füllen, diese in ein Wasserbad stellen und 40 Minuten im Herd lassen. Das Wasser darf nicht in die Crema gelangen! Danach die Schälchen vorsichtig aus dem Ofen nehmen – die Crema muss noch im Zentrum wackeln. 1 Stunde bei Zimmertemperatur abkühlen lassen, dann mit Frischhaltefolie abdecken und über Nacht in den Kühlschrank stellen.

Kurz vor dem Anrichten die Oberfläche mit braunem Zucker abdecken und mit einem Gasbrenner karamellisieren. Aufpassen, dass man den Zucker nicht zu stark anbrennt, da die Karamellschicht sonst zu bitter schmeckt und damit letztendlich ungenießbar wird. Wer die Crema im Ofen karamellisiert, muss sie anschließend nochmals für zirka 20 Minuten ins Eiswasser stellen, da diese sonst zu warm ist.

HAYAS TIPP

Mit dem Karamellisieren sollte man frühestens 1 Stunde vor dem Servieren beginnen, da der Zucker sonst zu viel Feuchtigkeit aufnimmt und nicht mehr knusprig ist.

CREMA CATALANA

MIT **BIRNEN** UND **DATTELN**

EINKAUFSLISTE	FÜR 6–8 PORTIONEN
500 ml	Milch *oder* Schlagobers (Sahne)
1 Packung	Zimtstangen
	Puderzucker
1	Orange, unbehandelt
5	Eier
1	Birne
1 Packung	Datteln
1	Zitrone
1 Packung	weiße Schokolade

Milch oder Schlagobers (Sahne) mit 25 Gramm Zucker und den Zesten von 1 Orange und 1 Zimtstange kurz aufkochen lassen. Danach die Zimtstange entfernen.

5 Eigelb und 25 Gramm Zucker mit dem Schneebesen verrühren. Heiße Milch/Sahne langsam dazufließen lassen und immer weiter rühren.

Die Masse in einem kleinen Topf kochen lassen, bis diese unter ständigem Rühren eindickt. Danach durch ein Sieb drücken, 75 Gramm weiße Schokolade stückeln und dazugeben. Weiter rühren, bis die Schokolade geschmolzen ist.

In Gläser füllen, diese in ein Wasserbad stellen und 90 Minuten bei 90 °C im Ofen lassen. 1 Birne und 2 Datteln in kleine Würfel schneiden, mit dem Saft 1 Zitrone vermengen und auf die erkaltete Crema (siehe Basisrezept) geben.

HAYAS TIPP

Die Crema Catalana schmeckt in den unterschiedlichsten Geschmacksvarianten herrlich!

Anstelle von Zimtstangen kann man auch Anis verwenden. Genauso wie bei den Zimtstangen darf man auch hier nicht vergessen, die Anissterne wieder rechtzeitig aus der Masse zu entfernen, da der Geschmack sonst zu intensiv wird.

Zeitgleich mit der Schokolade lässt sich Likör (zum Beispiel Grand Marnier oder Cointreau) oder Rum einrühren.

CREMA BAVARIA

EINKAUFSLISTE	FÜR 8 PORTIONEN
500 ml	Milch
500 ml	Schlagobers (Sahne)
1 Packung	Zimtstangen
1 Packung	Vanilleschoten
	Puderzucker
5	Eier
1 Packung	Gelatineblätter

5 Gelatineblätter in Wasser einweichen und zur Seite legen.

200 Milliliter Milch mit dem Mark 1 Vanilleschote, 50 Gramm Zucker und 1/4 Liter Schlagobers kurz aufkochen lassen.

5 Eigelb sowie 50 Gramm Zucker mit dem Schneebesen schlagen und die heiße Milch langsam dazugießen. Die Masse auf kleiner Flamme unter ständigem Rühren weiter köcheln lassen, bis sie leicht dicklich wird.

Die eingeweichten Gelatineblätter aus dem Wasser nehmen, mit den Händen gut ausdrücken und anschließend in die Crema 3 bis 4 Minuten einrühren. Die Blätter müssen komplett geschmolzen sein, damit auch ja keine Klumpen zurückbleiben.

Crema in einer Schüssel für 1 Stunde in den Kühlschrank stellen. Danach 1/4 Liter Schlagobers schlagen, bis dieses eine cremige (keine steife!) Konsistenz hat. Mit der Crema vermischen. In Gläser füllen und bis zum Servieren im Kühlschrank aufbewahren.

HAYAS TIPP

Ich dekoriere dieses Dessert gern mit frischen Waldbeeren beziehungsweise im Winter mit Beerencoulis.

Sehr gut schmeckt die Crema Bavaria auch als Kaffee-Dessert: Man rührt 2 Löffeln Nescafé oder streng gebrühten Espresso (Ristretto) gleichzeitig mit der Gelatine ein. Als i-Tüpfelchen verwendet man anstelle von Beeren Nüsse oder kandierte Orangenzesten.

Weitere Geschmacksrichtungen: Man nimmt 2 Esslöffel Nougatmasse (zum Beispiel Nutella) anstelle des Kaffees. Oder 2 Löffel geröstete Kokosflocken. Die Kokos-Bavaria verziert man mit klein gehackten gesalzenen Erdnüssen.

KADAYIF-ZIGARREN

GEFÜLLT MIT **MASCARPONE, RICOTTA** UND **SAUERKIRSCHEN**

EINKAUFSLISTE	FÜR 12 ZIGARREN
300 g	Kadayif-Haare
	Sauerkirschen im Glas
1 Becher	Mascarpone
1 Becher	Ricotta
	Butter
	Puderzucker

Kadayif wie auf Seite 40 mit 50 Gramm geschmolzener Butter verarbeiten. 200 Gramm Sauerkirschen abseihen, entkernen und in kleine Stücke zerteilen. 150 Gramm Mascarpone, 150 Gramm Ricotta und 2 Esslöffel Puderzucker miteinander vermischen und die Sauerkirschen darunter mengen.

Die gebutterten Kadayif-Haare auf einer Arbeitsfläche ausbreiten und mit der Masse füllen. Das Ganze zusammenrollen, sodass der Teig an der Stelle, wo er zusammenschlägt, nicht zu dick ist. 12 „Zigarren" schneiden und diese von allen Seiten mit etwas geschmolzener Butter bepinseln. Man legt sie auf ein Backpapier und schiebt sie für 20 Minuten ins vorgeheizte Rohr (180 °C).

HAYAS TIPP

Den Sauerkirschen-Sirup streiche ich kurz vor dem Servieren über die Zigarren.

LEMON CURD

ZITRONENCREME (BASISREZEPT)

EINKAUFSLISTE	
8	Zitronen
1 Packung	Butter
4	Eier
	Puderzucker

100 Gramm Butter und 100 Milliliter Zitronensaft zusammen erwärmen, bis die Butter geschmolzen ist. In der Zwischenzeit mixt man 1 Ei plus 3 Eigelb mit 100 Gramm Puderzucker, bis daraus eine helle Masse entsteht. Etwas Zitronensaft beigeben und nochmals kurz miteinander gut versprudeln.

Die Creme in einen kleinen Topf geben, die geschmolzene Zitronen-Butter dazumischen und im Wasserbad rühren, bis die Masse dicklich wird. Danach stellt man sie in den Kühlschrank für mindestens 24 Stunden.

HAYAS TIPP

Lemon Curd zählt zu meinen absoluten Lieblingsrezepten, weil er so vielseitig kombinierbar ist. Wer ihn klassisch mag, serviert ihn zum Nachmittagstee mit Scones (englischer Pfannkuchen). Besonders fein schmeckt er auf frisch getoastetem Weißbrot.

Wer so seinen Tag beginnt und beim ersten Bissen die Augen schließt, fühlt sich wie auf Urlaub in Sizilien. Ein tolles Geheimrezept gegen den Winterblues!

MIT VANILLE-SCHLAGOBERS UND CRUMBLES

EINKAUFSLISTE	
2 Becher	Schlagobers (Sahne)
2 Packungen	Vanillezucker
	Puderzucker
	Butter
	Granola (Knuspermüsli)
	Mehl
	Kristallzucker

360 Milliliter Schlagobers (Sahne) mit Vanillezucker und 1 Esslöffel Puderzucker mixen. In eine Schüssel geben und zur Seite stellen.

Für die Crumbles gibt man 50 Gramm Butter, 1/8 Glas Granola, 80 Gramm Kristallzucker und 1 1/2 Gläser Mehl (1/8 Liter plus 1/16 Liter) in einen Cutter und durchmischt das Ganze. Anschließend die Masse mit den Fingern in grobe Brösel zerteilen.

Backblech mit einem Butterpapier auslegen und Crumbles darauf ausbreiten. 20 Minuten lang bei 180 °C im Rohr backen. In eine Schüssel geben und beiseitestellen.

Das Dessert wird nun folgendermaßen serviert: In kleine runde Schüsselchen (die man zum Beispiel auch für die Crema Catalana oder die Crema Bavaria verwendet) eine Schicht von zirka 1,5 Zentimeter Lemon Curd streichen. Darauf kommt eine zirka 2 Zentimeter dicke Schicht Schlagobers. Zum Schluss streut man die knusprigen Crumbles darüber. Ein herrlicher Sommernachtisch!

GRAPEFRUIT CURD

MIT BEERENCOULIS UND VANILLEEIS

EINKAUFSLISTE GRAPEFRUIT CURD	
4 bis 5	Grapefruits
	Butter
	Kristallzucker *oder* Honig
4	große Eier
1	Zitrone
	Ingwersirup
	Salz

EINKAUFSLISTE BEERENCOULIS	
750 g	gemischte Beeren (saisonal)
	Trockener Rotwein (z. B. Merlot, Cabernet Sauvignon)
	Maizena (Stärkemehl)
	Puderzucker
1	Zitrone, unbehandelt
500 ml	Vanilleeis vom Italiener

Butter aus dem Kühlschrank nehmen und bei Zimmertemperatur weich werden lassen. Sobald dies der Fall ist, 5 Esslöffel davon mit 100 g Zucker oder 60 ml Honig zu einer cremigen Masse vermischen. 2 Eigelb beigeben und weiter mit einem Schneebesen rühren. Danach 2 weitere Eier (im Ganzen) in die Buttercreme rühren.

In einer kleinen Pfanne 240 ml frisch gepressten Grapefruitsaft auf 120 ml reduzieren und diesen danach abkühlen lassen, bis er lauwarm ist. 1 Esslöffel frisch gepressten Zitronensaft, 1 Esslöffel Ingwersirup und 1/8 Teelöffel Salz dazugeben.

Die Buttercreme in einen kleinen Topf geben, den Zitrussaft dazugießen und beides im Wasserbad verrühren, bis die Masse dicklich wird. Danach stellt man sie für mindestens 24 Stunden in den Kühlschrank.

Beeren gut waschen, abtropfen lassen und in eine Schüssel geben. 3 Esslöffel trockenen Rotwein mit 30 g Maizena verrühren.

¼ l Rotwein mit 50 g Zucker und der Schale der Zitrone kochen. Maizena beigeben und rasch – am besten mit einem Schneebesen – vermengen, sodass keine Klumpen entstehen können. 5 Minuten auf kleiner Flamme rühren. Anschließend die Beeren hinzufügen und das Ganze nochmals 5 Minuten auf dem Herd köcheln lassen.

Beeren-Wein-Coulis vom Herd nehmen und die Zitronenschalen entfernen. Dessertschüsseln mit Grapefruit Curd befüllen (zirka 1,5 Zentimeter Höhe), anschließend Vanilleeiskugel mittig platzieren und mit der lauwarmen Beerensauce übergießen.

HAYAS TIPP

Achtung: Ich lasse die Beeren so weit abkühlen, dass sie wirklich nur mehr einen Hauch von Wärme in sich tragen. Sonst schmelzen Eis und Curd so schnell dahin, dass sich alles zu einer Masse vermengt.

SCHOKOLADE PAVLOVA

MIT HIMBEERCREME

EINKAUFSLISTE	FÜR 6 PORTIONEN
6	Eier
2 Becher	Schlagobers (500 ml)
	Kakaopulver
1 Tafel	Valrhona Schokolade mit 70 % Kakaoanteil
3 Körbchen	frische Himbeeren
	Balsamico
	Kristallzucker
	Minzeblätter

6 Eier vorsichtig aufschlagen und das Eigelb vom Eiweiß trennen. Eiweiß mit 300 Gramm Zucker steif schlagen. 1 Esslöffel Balsamico, 3 Esslöffel Kakaopulver sowie 50 Gramm Valrhona-Schokolade in Stückchen geschnitten beigeben und vorsichtig mit einem großen Löffel verrühren, bis die Masse gleichmäßig hellbraun ist.

Backblech mit Backpapier auslegen und die Masse in 12 gleich große Torteletten ausbreiten.

Ein guter Trick dabei: Man legt Mokkauntertassen verkehrt herum auf das Backblech und zeichnet deren Umriss nach. Dieser wird mit der Schneemasse „gefüllt". So sind die Torteletten alle gleich groß!

Bei 140 °C 70 Minuten backen. Danach im Rohr auskühlen lassen, wobei dieses einen Spalt geöffnet bleiben sollte.

Am nächsten Tag das Schlagobers mit 1 Esslöffel Zucker steif schlagen. 3 Körbchen Himbeeren vorsichtig einrühren, sodass diese nicht zerstört werden.

Die Masse gleichmäßig auf den Baiser-Boden verteilen und dem Ganzen dann jeweils einen „Baiser-Deckel" aufsetzen. Mit frischen Minzeblättern und Himbeeren verzieren.

Israel ist meine ursprüngliche Heimat, weil ich dort geboren bin. Wer glaubt, das Land bestünde nur aus Wüste, irrt gewaltig. Die Berghänge sind mit Blumen übersäht. Ich liebe das Meer, die Sonne, die Gerüche der Shuks und der offenen Küchen, die sich so fest in mein Geschmackszentrum eingebrannt haben, dass ich sie, wo immer ich auch bin, stets mit mir herumtrage.

HAYAs ISRAEL

Ein spontanes Grill-Gelage mit meiner Familie: Diesen schön gedeckten Tisch haben wir innerhalb von nur zwei Stunden aufgestellt! Mein Schwager brachte einen Handgriller mit, meine Cousine ihr eingelegtes Gemüse. Ich ging am Markt schnell Fleisch und Salat einkaufen. Im Grunde war das ein sehr typischer Moment für die israelische Lebensart, dieses „Kum Sitz!“. Man startet in einer kleinen Runde, dann stoßen immer mehr Leute dazu – und jeder bringt etwas zum Essen mit.

Es gibt kein stimmungsvolles Essen ohne „Mezze“.

Das sind orientalische Vorspeisenvariationen, die aus Aufstrichen wie Humus oder Pesto, kleinen Salaten und gegrilltem oder eingelegtem Gemüse bestehen. „Mezze“ richtet man üblicherweise in kleinen Schüsseln an, die man über den Tisch verteilt aufdeckt. Bei unserem Familienessen haben wir israelischen Salat, gefüllte Weinblätter, eingelegte weiße Rüben, Melanzani (sehen aus wie Pilze), eingelegte Zitronen (ganz rechts im Bild) und viele andere Köstlichkeiten serviert.

Dieses alte jemenitische Ehepaar hat mich begeistert, weil es so viel Lebensfreude ausstrahlt. Beide sind schon über 90 Jahre alt und haben vier Kinder, die auch nicht mehr ganz jung sind. Er war zehn, sie acht Jahre, als sie miteinander verheiratet wurden. Er ist bis heute Schafzüchter und lebt vom Verkauf seiner Tiere. Sie bereitet das allerherrlichste Zwiebelpulver zu.

In der israelischen Küche wird **Zwiebelpulver** häufig eingesetzt. In Österreich ist es in dieser Qualität gar nicht zu bekommen, weil die Zwiebeln nicht so süß und intensiv schmecken wie die aus dem mediterranen Raum. Als wir die zwei alten Leute besuchten, wurde der Mann nach kurzer Zeit unruhig, weil er wieder arbeiten gehen musste. Er wollte seine Tiere nicht alleine lassen.

Die Frau hat mir zum Abschied ein Glas Zwiebelpulver geschenkt.

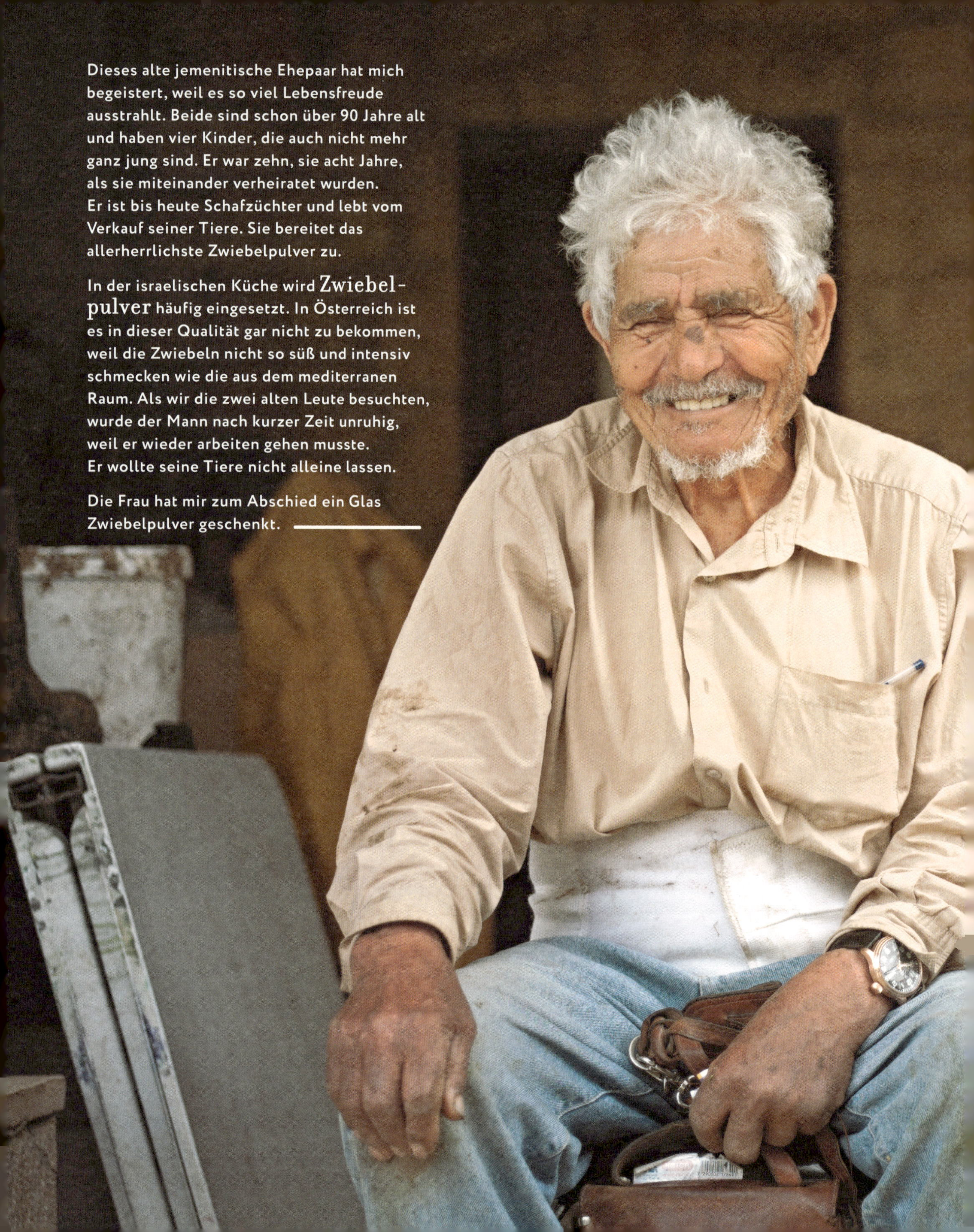

Mein Neffe Moran ist Chefkoch im Hotel Montefiore in Tel Aviv. Das Montefiore ist ein original Bauhausgebäude aus den 1920ern, das vor wenigen Jahren komplett revitalisiert und zum ersten Boutique-Hotel von Tel Aviv ausgebaut wurde.

Ich liebe Schärfe!

In heißen Ländern wie Israel hat diese eine wichtige Funktion, da sie bakterientötend wirkt. Chili und Pfefferoni zählen in der orientalischen Küche zu wichtigen Geschmacksträgern und sind daher in vielen meiner Rezepte zu finden.

Auf dem **„Shuk Carmel"** in Tel Aviv, der für mich zu den schönsten der Welt zählt, bekommt man neben einzigartigen Gewürzmischungen auch diverse Spicy-Mixes, die mit frischen Kräutern veredelt werden.

Von diesen Kürbissen kann sich eine Familie wochenlang ernähren! Spaß beiseite – in Wirklichkeit sind sie in dieser Größe für einen Einzelhaushalt unbrauchbar. Sie werden, wie überall anders auch, aufgeschnitten und in kleineren Einheiten verkauft. Obwohl sie so groß sind, schmecken sie nicht wässerig, sondern süß und intensiv.

Dieser Laden in Tel Aviv bietet nicht nur einen Haufen Delikatessen, er heißt auch so: „Delicatessen“. Die Frau, die ihn betreibt, ist eine richtige Visionärin. Sie und ihr Mann haben gemeinsam mit einem Lokal begonnen. Heute betreiben sie eine Brasserie, einen Coffee-Shop, das „Delicatessen“ und das Hotel Montefiore, eines der schönsten Boutique-Hotels der Stadt. Und egal, was sie anfassen, man merkt, dass sie selbst dahinterstehen. Ein Familienbetrieb wie wir!

In Israel werden nicht nur Fleisch und Fisch oder Klassiker wie Melanzani oder Paprika gegrillt, sondern überhaupt jede Art von Gemüse. Dieser Karfiol scheint mir besonders gelungen: Außen richtig schön angebräunt und innen gut knackig!

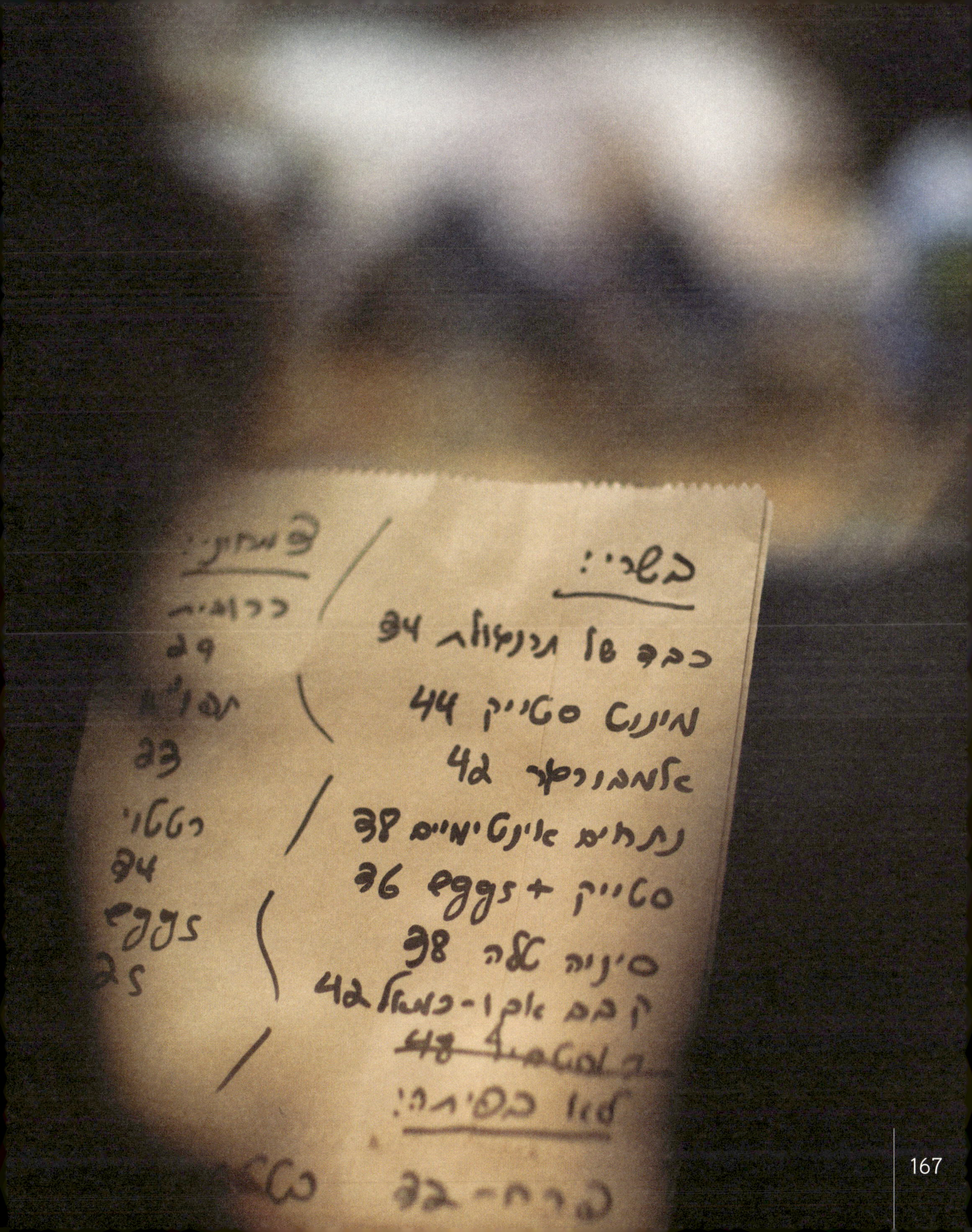
בשרי:
כבד של תרנגולות 34
מינוט סטייק 44
המבורגר 42
נתחים אינטימיים 38
סטייק + eggs 36
קבב אבו-כמאל 42
צמחוני:
כרובית
רטטוי

5-

Dieser Obstladen liegt genau unterhalb der Wohnung meiner Eltern. Wenn ich in Tel Aviv bin, fahre ich schon aus purer Sentimentalität an diesen Ort, wenn ich frisches Obst und Gemüse kaufen will.

So wie es an fast jeder Ecke in Tel Aviv einen Falafel-Stand gibt, findet man auch unzählige Pita-Fladen-Hersteller. Oft bauen sie ihren Ofen neben einem Lebensmittelstand auf, sodass man die noch warmen Fladen befüllen und gleich essen kann. Eine Delikatesse!

Das „Coffee 29“ gehört einer engagierten Amerikanerin, die sich vor Jahren in Tel Aviv niedergelassen hat. Sie verkauft ihre Bäckereien und Süßigkeiten über die Straße, man kann aber auch sehr gemütlich bei ihr sitzen. Ich mag dieses Lokal, weil es hell und freundlich ist und ein großartiges Ziel verfolgt: Alles, was hier eingenommen wird, kommt einem karitativen Zweck zugute. Eine beeindruckende Frau!

29
29
29

DAS GUTE

ENDE

KALTE HÄNDE, WARMES HERZ

SO BLEIBT DIE **HITZE** AN DER **RICHTIGEN STELLE**. UND DAS **HILFT**, FALLS SIE AN DER FALSCHEN STELLE **BLASEN SCHLÄGT.**

1.) Investieren Sie in ein vernünftiges Grillgeschirr und scheuen Sie sich nicht, Grillhandschuhe anzuziehen. Kaufen Sie am besten im Fachhandel Feuerwehrhandschuhe. Kein Witz!

2.) Die Versuchung ist groß – aber: Arbeiten Sie auch bei den Gemüse-Röstungen über dem Gasherd nicht mit den bloßen Fingern. Verwenden Sie am besten 2 Pellkartoffelgabeln oder, noch besser, 2 Serviergabeln aus Stahl. Letztere verfügen über einen längeren Griff.

3.) Experimentieren Sie nicht mit flüssigem Spiritus, Schnaps oder sonstigem Hochprozentigen, während Sie versuchen, die Glut in Schwung zu bringen. Vergessen Sie nicht: Aller Anfang bedeutet Geduld!

4.) Halten Sie unweit des Grillers stets ein Glas mit frischen Eiswürfeln, ein sauberes Geschirrtuch (für Umschläge), einen Eimer mit kaltem Wasser oder eine Brandsalbe bereit. Je schneller man im Fall eines kleinen Brandunfalls die Brandwunde versorgt, desto geringer bleibt die Blasenbildung und desto rascher vergehen auch wieder die Schmerzen. Achtung: Der Eimer Wasser dient ausschließlich dazu, dass Sie Ihre Finger im Notfall hineinstecken. Er darf keinesfalls über das Grillgut geschüttet werden, da es in Kombination mit den Fetten, die auf dem Gitter kleben können, sonst zu Stichflammen kommt.

5.)

Ein paar weitere kleine Hausrezepte für die erste Hilfe bei leichten Verbrennungen:

- Mit Eiklar abdecken.
  Das Eiklar kühlt die Haut und bildet eine Schutzschicht.
- Vorsichtig Olivenöl darauf klopfen.
  Das nimmt zwar nicht den Schmerz, allerdings verheilt die Wunde schneller.
- Eine Aloe-Vera-Creme dickschichtig auf die verletzte Stelle tupfen.
  Es gibt sie auch in jeder Apotheke als kühlendes Gel zu kaufen.
  Aloe Vera ist eine der vielseitigsten und wirksamsten Heilpflanzen für die Haut.
- Ein Küsschen einfordern, von der Person, die einen glücklich macht!

Faisal
Mudlu

DIE „NENI“-KÖCHE

IM „NENI IM ZWEITEN“

DIE „NENI"-KÖCHE AM NASCHMARKT

Jasmin
Joau

DAS TEAM

HAYA MOLCHO, Jahrgang 1955, wurde in Tel Aviv geboren. Ihre erste Lebenshälfte war geprägt von Wohnortswechseln und vom Reisen. 1978 heiratete sie den Pantomimen Samy Molcho und ließ sich mit ihm in Wien nieder. Während der ersten sieben Ehejahre begleitete sie ihn auf all seinen Tourneen und lernte so die Küchen der Welt kennen. Unterbrochen wurden ihre kulinarischen Expeditionen durch die Geburten ihrer vier Söhne Nuriel, Elior, Ilan und Nadiv. Vor neun Jahren gründete Haya Molcho ihr Catering-Unternehmen. Im März 2009 eröffnete sie am Wiener Naschmarkt ihr erstes Lokal, „NENI". In den folgenden Jahren kamen das „NENI im Zweiten" im „Stilwerk"-Bau von Jean Nouvel und das „Tel Aviv Beach" am Wiener Donaukanal dazu. 2009 veröffentlichte Haya Molcho im Amalthea-Verlag ihr erstes Kochbuch „NENI. Lust auf fremde Küche". Einige der Klassiker sind jetzt auch unter der Marke „NENI am Tisch" bei „SPAR" erhältlich. www.neni.at

An dieser Stelle einen herzlichen Dank an die Familie Wyhnalek, die große Teile der Dekoration und Accessoires für die Fotosujets zur Verfügung gestellt hat.

MICHAELA ERNST, Jahrgang 1962, lebt und arbeitet als Journalistin, Autorin und Chefredakteurin der Kulturzeitschrift „Festspiele Magazin" in Wien. Sie ist unter anderem für die Nachrichten- und Wirtschaftsmagazine „profil" und „trend" sowie das österreichische Gourmet-Magazin „À la Carte" tätig. Sie unterstützte Haya Molcho bei der Aufzeichnung ihres ersten Kochbuchs „NENI. Lust auf fremde Küche". Zuletzt arbeitete sie als Co-Autorin bei Dagmar Kollers biografisch angehauchtem Leitfaden „Die Kunst, eine Frau zu sein", der 2010 im Amalthea-Verlag erschienen ist.

PETER M. MAYR, Jahrgang 1977, lebt und arbeitet als freier Fotograf in Wien. Er arbeitet seit Jahren für nationale sowie internationale Mode-, Lifestyle- und Nachrichtenmagazine und fotografierte bereits für Haya Molchos erstes Kochbuch „NENI. Lust auf fremde Küche". www.petermayr.com

DORIS PESENDORFER, Jahrgang 1976, lebt und arbeitet in Wien als Designerin. Nach mehreren Jahren in New York gründete sie ihr Studio mit Fokus auf Visual Branding und betreut internationale und nationale Kunden vorwiegend aus der Hotel-, Gourmet- und Kulturbranche. Die Zusammenarbeit mit Haya Molcho begann mit der Konzeption der Packaging-Linie „NENI am Tisch". www.dorispesendorfer.com

Peter
Haya
Michaela
Doris

INHALT

NOTIZEN